교육장면에서

그릿 키우기

교육장면에서
그릿 키우기
Grit in the Classroom

라일라 Y. 산구라스 지음 | 정종진 옮김

학지사

최근 그릿(Grit)이란 개념이 교육적 이슈로 크게 부상하면서 세계적으로 화두가 되고 있다. 이 책《교육장면에서 그릿 키우기》는 라일라 Y. 산구라스(Laila Y. Sanguras, 2017)가 쓴 *Grit in the Classroom: Building Perseverance for Excellence in Today's Students*(Waco, TX: Purfrock Press)를 우리말로 옮긴 것이다. 노스텍사스대학교에서 대처 능력, 회복탄력성, 정신적 강인함을 중점적으로 연구하여 교육심리학 전공의 박사학위를 취득한 저자는 중학교 교사로 근무한 경력을 갖고 있으며, 학교에서 힘들고 어려운 활동에 주저하지만 학교 밖의 영역에서는 고난에도 불구하고 탁월함을 보이는 학생들을 관찰하면서 그릿에 관심을 기울이게 되었다.

그릿은 펜실베이니아대학교 심리학과 교수인 앤절라 더크

워스(Angela Duckworth)가 제안한 개념으로, 장기적 목표를 향한 끈기와 열정이란 의미를 갖고 있다. 한국에서는 그릿을 불굴의 투지, 끈기, 근성, 열정, 기개, 마음의 근력 등으로 번역하여 사용하고 있지만, 정확하게 말하면 이 모두를 조합하는 개념이 그릿이다. 번역에서 오는 의미의 제한이나 왜곡을 방지하기 위해 이 책에서는 그릿이란 용어를 원어 그대로 사용하였다.

여러 연구결과에 의하면 그릿은 군대, 학교, 직업, 결혼을 중도에 포기하지 않고 끝까지 해내는 것을 유의하게 예측해 주는 요인이며, 학문 분야뿐만 아니라 다양한 분야에서 훌륭한 성취를 이루어 낸 사람들의 공통된 요인이다. 그릿이 강한 사람은 장기적인 목표에 일관성 있게 관심을 갖고, 그 목표를 달성하기 위해 꾸준히 노력하며, 어려운 상황에서도 쉽게 좌절하거나 포기하지 않고 나아간다고 한다. 그들은 등산이나 마라톤을 하는 것처럼 장기적으로 목표를 향해 열정을 가지고 꾸준히 노력하며, 포기하고 싶은 순간이 있더라도 인내하며 결국 목표를 이룬다는 것이다.

요즘 학교교육에서 학생들의 학업을 비롯한 성공을 위해서 그리고 인성적 자질로서 그릿을 함양해야 한다는 목소리가 높다. 비인지적 특성으로서의 그릿은 지능과 같은 인지적 특성에 비하여 경험을 통해 지속적으로 변화가 가능하다는 점에서 더욱 교육적인 관심을 끌고 있다. 재능계발과 수월성 추구의 시대에서 학습자는 높은 수준의 성공에 도달하는 데 필요한 그릿을 갖추어야만 한다. 이 책은 오늘날의 학생들에게 끈기와 열정 그리고 재능을 쌓아야 한다는 토론으로 이끌기 위한 목적을 갖고 교육장면에서 그릿을 배양해야 하는 이론적 근거를 제공하고 있으며, 교육자들로 하여금 능력에 관계없이 모든 학생의 그릿 발달을 촉진하는 학습 환경을 조성하도록 도와주고 있다.

따라서 이 책은 학교에서 학생들을 가르치는 교사를 비롯하여 가정에서 자녀를 양육하는 학부모와 각종 교육장면에서 아이들을 지도하는 교육자들에게 학습자의 그릿을 키워야 하는 이유와 구체적인 그릿 증진법에 관한 이해의 지평을 열어 줄 것이라 확신하며 이에 일독을 권한다.

끝으로, 어려운 출판계 상황에서도 이 책의 번역 출간을 흔쾌히 수락해 준 학지사 김진환 사장님과 멋진 책으로 탄생할 수 있도록 애써 준 편집부의 백소현 차장님을 비롯한 여러 직원들에게 감사를 드린다.

2019년 10월
정 종 진

감사의 글

시작하기에 앞서 내게 영감을 주고 내가 얼마나 모르고 있는가를 가르쳐 준 과거의 모든 학생에게 감사를 드려야 할 것 같다. 미국 오리건 주의 후드리버에서 처음 교사 생활을 시작하여 텍사스 주의 코펠에서 마지막 교사 생활을 할 때까지, 나는 학생들 모두와 함께 최선을 다하였다. 학생들이 나보다 더 나은 사람이 되기 위해 내게 도전을 할 때마다 정말 고마웠다. 괴팍한 중학교 학생들은 나를 매료시켰다.

또한 그릿이 매우 중요하다는 것을 가르쳐 준 나의 자녀들에게 감사하고 싶다. 나는 아이들에게, 엄마가 책을 썼고 적어도 한 사람 이상이 엄마의 책을 샀다는 증거를 갖고 있어서 신용을 좀 받고 있다. 내 자녀들인 브리센, 헤이든, 엠마 케이트, 아니카, 베컴 그리고 콜 모두를 더할 나위 없이 사랑한다.

그리고 편집자인 케이티에게 글로나마 감사를 표한다. 그녀는 놀랍게도 원고를 독촉하지 않고 인내를 갖고 기다려 주었으며, 종래의 책과는 다를 뿐만 아니라 교육적인 내용을 다룬 이 책에 대해 신뢰해 주었다. 이런 책을 출간하겠다는 나를 미친 사람이라고 여기지 않았던 그녀에게 고마운 마음을 전한다.

끝으로, 남편에게 감사하고 싶다. 남편은 이 책을 쓰기 시작할 무렵 함께 걸으며 아이디어를 구상하는 것부터 집필이 끝날 무렵 토스트를 먹으며 축하의 시간을 가질 때까지 내게 이 책을 쓸 수 있다는 신념을 심어 주었고, 이 책을 쓰는 데 필요한 정신적인 지지를 보내 주었다. 자기야, 우리 이 책을 들고 해변에 가자.

차례

제1장
그릿의 해부학

작은 오리건 마을에서 교사로 시작한 첫날부터 나는 '왜?' 라는 질문을 하기 시작했다. '학생들은 왜 숙제를 잘 안 하는 거지? 학생들은 왜 이 물건에 신경 쓰지 않지? 나는 왜 학생들의 동기를 유발할 수 없지?' 등등.

내가 왜 학생들을 가르치고 있는지 혹은 왜 학교에 있는지는 전혀 의심하지 않았다. 그러나 학생들 중 일부와 교전을 하기 위해 내가 왜 이 어려움을 겪고 있는지는 알 수 없었다. 나는 생각할 수 있는 모든 것을 시도했지만, 거의 성공하지 못했다. 그래서 대학원에 진학하였다. 나는 오리건 주의 포틀랜드 주립대학교에서 동기에 대해 연구하였고, 계속해서 텍사스 주 덴턴에 있는 노스텍사스대학교에서 대처 능력, **회복탄력성**, 정신적 강인함에 대해 중점적으로 연구하였다. 그리고 수년이 지난 후 교외에 있는 텍사스 마을에서 열린 어느 교사모임에 참가하여 앤절라 더크워스(Angela Duckworth)의 **그릿**(grit)에 관한 영상강연을 시청하였다.

그 영상강연에서 더크워스(2013)는 중학교 학생들에게 수학을 가르치는 어려움에 대해 설명하였다. 그녀는 수업에서 수학을 가장 잘 수행한 학생들이 꼭 똑똑하지만은 않으며, 다만 매우 열심히 공부했던 학생들이었다는 점을 알게 되었다. 펜실베이니아대학교 대학원 재학 시 더크워스와 그녀의 연구팀은 더 많은 것을 알기 위해 교사, 판매원, 사관학교 생도들을 대상으로 연구하였다. 흥미롭게도 그들은 그릿이 성공을 가장 잘 예측해 주는 요인이라는 점을 밝혀냈다. 다시 말해, 성공을 가장 잘 예측해 주는 것은 IQ, 선수학습 정도 혹은 대단히 좋은 머리가 아니라, 바로 그릿이었다는 사실이다.

더크워스에 따르면, 문제는 교육자들이 편협적인 시각을 갖고 있다는 점이었다. 그녀는 비록 우리 교육자들이 성취도를 정말 잘 측정한다 해도, 우리가 진정으로 학생들의 체력을 키우고 이들이 학교와 사회에서 성공할 수 있기를 원한다면, 학생의 그릿을 어떻게 평가하고 증진할 수 있는가를 생각해야 한다고 말하였다.

더크워스의 영상강연을 시청하고 나서 나는 완전히 고무되었다. 그녀의 아이디어는 이치에 맞는 것이었고, 이 점에 대해 나는 교사로서 그녀에게 감사해 했다. 그리고 내가 교육심리학자로서 높이 평가했던 것은 그녀의 아이디어가 연구에 의해 뒷받침되고 있었다는 사실이다. 나는 그 교사모임에서 내가 영감을 받은 방식으로 다른 교사들에게도 영감을 주기 위해 더 많은 일을 하고 싶었다. 그래서 이 책을 쓰게 된 것이다. 이 책에서 나는 교사, 학부모, 그리고 행정가들이 학생들의 그릿을 인식하고 키워주기 위해 함께 일할 수 있는 실제적인 방법을 제시하고 설명하려 한다.

제1장은 앞으로의 내용을 위한 프레임워크, 즉 이 책의 구성 체제에 대해 설명하고 있다. 지능에 대해 알아보기 위해 19세기로 되돌아가 지능이라는 개념이 시대에 따라 어떻게 변화해 왔는가를 살펴볼 것이며, 각각의 요소를 깊이있게 공부할 수 있도록 그릿을 해부할 것이다. 이것이 제1장에서 다루어지는 내용이다.

제2장에서는 그릿의 측정 방법을 파헤쳐 보고, 교사들이 학생의 그릿 발달을 지원해 줄 수 있는 방법에 대해 살펴볼 것이다. 제3장에서는 영재학생들의 그릿 키우기에 초점을 두고 있으며, 특히 우수한 재능계발과 모든 교실들이 영재교육 분야에서 배울 수 있는 것과 관련하여 다루어진다. 제4장에서는 성장 마인드셋에 관한 연구로 우리가 알고 있는 내용과, 교사들이 성장 마인드셋 이론을 학생들과 함께하면서 활용할 수

있는 방법과 통합하여 그릿을 다룬다. 열정은 그릿의 한 통합적 요소이기 때문에 제5장에는 교사들이 학생들의 열정을 키울 수 있는 방법으로 지면을 할애하였다. 제6장은 학부모와 함께 일하는 교사들을 도와주기 위한 지침을 제공하고 있으며, 이는 학생들의 그릿을 키우는 간소화된 접근 방식을 보장해 줄 것이다. 끝으로 제7장은 학교 수준에서의 그릿에 관한 것으로서, 교직원과 행정가들이 그릿이 강한 학교문화를 조성하기 위해 함께할 수 있는 방법을 다루고 있다.

각 장의 말미에는 교사들이 교실에 적용할 수 있는 실제적인 방법을 생각해 볼 수 있도록 '마지막 생각'과 '토론 질문'이 제시되어 있다. 또한 교사들에게 도움이 되기를 바라는 뜻에서 책의 끝부분에 자료집을 포함시켰다. 내가 임무를 잘 수행했다면 처음부터 마지막 페이지까지 읽으면서 교사들이 학생들의 그릿을 키우는 데 최우선을 두어야 하는 지식에 고무될 것이고, 그 지식을 갖추게 될 것이다.

지능 대 그릿

1800년대 말 프랜시스 골턴 경(Sir Francis Galton, 역주: 지능 분야의 선구적인 연구자로 유명하며 '우생학'이라는 용어를 처음 사용함)을 시작으로 심리학자들은 다양한 수준의 지능을 구성하는 개인차에 매료되어 있었다. 지능에 대한 연구는 매우 현실적인 문제로 다루어지기 시작했다. 교육자들은 학교에서 특별한 도움이 필요한 학생들이 누구인지 식별할 필요가 있었고, 군대에서는 입대 지원자들을 선발하기 위해 그들의 능력을 신속히 평가해야 했다. 과학자들은, 특정한 지적 준거를 보인 사람들에게는 출산을 제한해야 한다는 아이디어를 가지고 장난쳤던 적도 있었다. 농담이 아니라 사실이다.

교사들이 잘 알고 있는 **스탠퍼드-비네 지능검사**(Stanford-Binet Intelligence Scales)는 유동적 추리, 지식, 수학적 추리, 시각-공간적 처리 속도 및 작업기억의 다섯 가지 요인을 평가하는 도구이다(Roid, 2003). 이 지능검사는 1916년 이후로 다섯 번이나 수정되었고, 적절한 특수교육 중재방안이 무엇인가를 알아보기 위해 자주 사용되었다.

가장 최근에 하워드 가드너(Howard Gardner, 2000)의 **다중지능이론**(theory of multiple intelligences)이 우리가 지능을 증명할 수 있는 무수한 방법 중 토론의 중심으로 자리 잡기 시작했다.

가드너는 **학습양식**(learning style)에는 시각-공간적, 신체-운동적, 음악적, 대인관계적, 자기성찰적, 언어적, 논리-수학적 등 일곱 가지(역주: 나중에 자연탐구적, 실존적인 것을 추가하여 총 아홉 가지)가 있다는 것을 확인하였다. 그의 연구는 교육계에 아이디어 폭발에 대한 영감을 주었다. 교사들은 학생들의 학습양식에 맞추어 수업을 실시하였다. 그러나 여전히 이들은 학생들의 동기를 유발하고 성취도를 증진시키는 문제로 힘들어한다.

확실히 우리는 아직도 지능에 대해 잘 모르지만, 이 지능에 신경을 많이 쓴다. 그러나 지능은 성공이나 행복 혹은 세계 평화를 보장해 주지 못한다. 고등학교 동창회는 거의 성취하지 못한 똑똑한 사람들로 가득하다. 소셜 미디어에서 옛 친구들과 밀린 얘기를 나누는 것은 지능이 부족한 사람들의 이야기를 보여 주는데, 그들의 성취도는 모든 사람들을 놀라게 한다. 특히 전통적인 학습 환경에서의 성취도는 지능에 의해 예측될 수 있다는 점을 가리키는 연구가 분명히 있다. 그러나 우리는 해시태그(hashtag, 역주: 소셜 네트워크 서비스에서 사용되는 새로운 정보 공유법), 무인 항공기 및 자가 주차 차량의 사회에서 지능 외에 뭔가 더 필요하다는 것을 알고 있다.

그릿은 내면의 강인함과 열의에 관한 것이다.

그 뭔가가 그릿일 수 있다. 대학 교수이자 연구자인 더크워스(2016)는 이제 그릿과 관련된 이름이 되었다. 그녀는 그릿을 강렬한 **열정**(passion)과 함께 **끈기**(sustained perseverance, 역주: 지속력 혹은 인내력이란 뜻을 갖고 있음)로 정의하였다. 그녀의 그릿에 대한 정의에서 지능이 없음을 주목해 보자. 게다가 그 밖의 무엇이 더 없는가? 운, 재능, 재산, 도와주는 요정 등이 없다. 더크워스에 따르면, 사람은 도전을 포기하지 않고 지속해 나갈 수 있다면, 그리고 추구하는 것에 대한 열정이 있다면 성공적일 수 있다. 물론 운이 따르고, 재능이 있고, 재산이 많고, 혹은 도와주는 요정이 있다면 추구하기가 더 쉬울 것이다. 그릿은 내면의 강인함과 열의에 관한 것이다. 그릿은 전념(헌신혹은 몰두), 아랑곳하지 않는 철면피(즉, 불굴의 투지), 그리고 자제력을 요구한다.

자제력

자제력(self-discipline)은 약점을 극복하기 위해 충동을 통제하는 능력이다. 그것은 여러분이 사탕바구니를 지나칠 때 한 줌의 사탕을 움켜쥐지 않고, 친구들을 만나고 싶을 때 나가지 않고 공부하며, 운전하는 동안에 문자 메시지에 반응하지 않는 그런 능력이다. 여러분의 행동에 대한 이러한 통제는 가치 판단에 토대를 두고 있다. 여러분은 '좀 더 나은' 선택을 위해 힘든 결정을 해야 한다.

이것은 분명 어느 것이 좀 더 나은 선택인가를 인식해야 함을 내포하고 있다. 만약 여러분이 '좀 더 나은' 선택이 있다는 사실을 전혀 모르면서 충동 통제에 어려움을 겪고 있는 학생을 가르친 적이 있다면, 손을 들어보라. 나는 모든 교사가 그런 학생을 가르친 적이 있다고 본다. 비록 충동을 다루는 능력이 나이가 들어감에 따라 향상되긴 하지만, 그것은 성숙, 기질, 유전적 특징과 밀접한 관련이 있다(Dewar, 2011-2015; Smith, Mick, & Faraone, 2009). 나는 대부분의 교사들이, 이것은 학생들에 대해 통제할 수 없는 또 하나의 문제라고 생각하고 있다고 확신한다. 교사들의 이런 생각은 맞다.

자제력은 약점을 극복하기 위해 충동을 통제하는 능력이다.

그러나 여러분이 교사로서 해야 할 중요한 부분이 있다. 여러분은 **자기통제**(self-control)를 발휘한 학생에게 보상할 수 있다. 학생들의 연령에 따라 자기통제는 자율적으로 공부하는 시간의 양일 수도 있고, 한 활동에서 다른 활동으로 전환하는 방법일 수도 있다. 여러분이 제공하는 보상은 칭찬스티커나, 구체적이고 진심어린 칭찬 혹은 여분의 자유시간일 수 있다. 중요한 점은 여러분이 학생들에게서 보기를 원하는 그것을 인정하고 강화하는 것이다.

빌헬름 호프만과 그의 동료들(Hofmann et al., 2013)은 자기통제와 행복 사이에 어떤 관련성이 있는가를 연구하였다. 그 결과, 자기통제를 잘하는 사람들이 삶에 대한 행복도가 더 높았을 뿐만 아니라 통제된 선택을 했던 그 순간에 더 행복해했다는 것이 밝혀졌다. 나는 여기에 충격을 받았다. 왜냐하면 나는 밤늦게 간식을 먹으면서 건강상 이러면 안 되는데 하고 매일 씨름하고 있었기 때문이다. 그리고 평소 쿠키를 집어 먹고 싶은 바람을 갖고 있어서 못마땅한 채로 당근을 먹는 편이다. 그런데 연구자들은 자기통제를 잘하는 사람들은 그들 자신을 어려운 선택을 해야 하는 상황에 덜 둔다고 보고하였다. 기본적으로 그들은 애초부터 쿠키를 사지 않는다고 말한다.

자제력이 학생의 성취도에 미치는 영향은 놀라울 정도다. 더크워스와 셀리그만(Duckworth & Seligman, 2005)은 중학교 2학년 학생들을 대상으로 한 연구에서 자제력이 높은 학생들이 다른 학생들에 비해 출석률, 성적, 표준화검사 점수, 마그넷 고등학교(Magnet High School, 역주: 예술이나 수학, 과학 등의 특별한 영역에서 재능을 보이는 학생들을 가르치는 특수목적고) 진학률이 더 뛰어나다는 것을 발견하였다. 자제력은 IQ보다 더 많은 변량을 설명해 주었다. 나는 여러분에게 지능에 대해 조바심을 갖지 말라고 했는데, 기억하는가? 그릿이 강한 사람들은 다른 사람들에 비해 다니던 직장을 계속 다니고, 고등학교를 중도 포기하지 않고 끝까지 다녀 졸업하며, 결혼하는 경향이 있다(Duckworth & Seligman, 2005). 그것은 정말 놀라운 일이다. 그렇지 않은가?

그리고 이는 심지어 일시적인 연구 경향도 아니다. 1869년에 프랜시스 골턴, 1890년에 윌리엄 제임스(William James), 1920년에 지그문트 프로이트(Sigmund Freud) 모두가 자신의 행동을 조절하는 능력은 성공을 위해서 중요하다는 것을 밝힌 바 있다. 그리고 이 같은 연구결과는 그 후로 많은 시대에 걸쳐 반복적으로 제시되어 왔다(Caprar, Vecchione, Alessandri,

Gerbino, & Barbaranelli, 2011; Tangney, Baumeister, & Boone, 2004; Zimmerman & Kitsantas, 2014). 자제력은 그만큼 중요하다.

더크워스(2016)는, 목표는 밑에 행위가 있고 위에는 목표가 있는 위계로 구성되어 있으며, 모두가 최고의 도전적 목표에로 이끈다고 하였다. 그릿은 주의산만과 좌절에도 불구하고 그에 관계없이 최고의 목표에 집중을 기울이는 능력이다. 자기통제는 최고의 목표로 이끌지 못하는 활동을 선택하는 것이 아니라 대신 그 목표에로 이끄는 행위를 완수하는 것을 선택하는 능력이다. 그것은 반드시 부정적인 활동이어야 할 필요는 없다. 예를 들어, 나의 최고의 목표는 메이시스백화점 추수감사절 행사(The Macy's Thanksgiving Day Parade) 때 지금 쓰는 이 책이 베스트셀러로 뽑히는 것이었다(그래, 지금 이 말이 논리에 맞지 않는 허황된 꿈일지 모르겠지만 소녀와 같은 마음으로 꿈이라도 꿀 수 있지 않겠는가). 이보다 낮은 목표는 더크워스(2016)의 그릿에 관한 책을 읽는 것이었다. 그 목표로 이끄는 활동은 매일 책을 읽는 것이며, 이에 경쟁이 되는 활동은 읽기에 '재미있는' 책만 골라잡는 것이다. 재미있는 책을 읽는 것이 내게 해로운 것은 아니지만, 나의 최고 목표에 접근하도록 하지는 못한다. 학생들이 자신의 목표를 달성하도록 격려하는 것도 이와 같은 방식으로 이루어질 수 있다. [그림 1]은 어떤 학생의 최고 목표를 예시한 것이다. 궁극적으로 최고 목표에 도달하

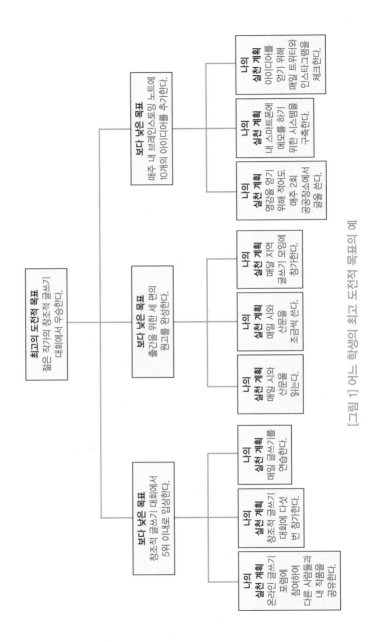

최고의 도전적 목표
젊은 작가의 창조적 글쓰기 대회에서 우승한다.

보다 낮은 목표
창조적 글쓰기 대회에서 5위 이내로 입상한다.

보다 낮은 목표
출간을 위한 세 편의 원고를 완성한다.

보다 낮은 목표
매주 내 브레인스토밍 노트에 10개의 아이디어를 추가한다.

나의 실천 계획
온라인 글쓰기 포럼에 참여하여 다른 사람들과 내 작품을 공유한다.

나의 실천 계획
창조적 글쓰기 대회에 다섯 번 참가한다.

나의 실천 계획
매일 글쓰기를 연습한다.

나의 실천 계획
매일 시와 산문을 읽는다.

나의 실천 계획
매일 시와 산문을 조금씩 쓴다.

나의 실천 계획
매달 지역 글쓰기 모임에 참가한다.

나의 실천 계획
영감을 얻기 위해 적어도 매주 공공장소에서 글을 쓴다.

나의 실천 계획
내 스마트폰에 메모를 하기 위한 시스템을 구축한다.

나의 실천 계획
아이디어를 얻기 위해 매일 트위터와 인스타그램을 체크한다.

[그림 1] 어느 학생의 최고 도전적 목표의 예

기 위해서는 끈기로 이끄는 자제력이 필요하다.

끈기

끈기(perseverance)는 장애와 역경에도 불구하고 어떤 목표나 과제를 계속 추구해 나가는 과단성 있는 행동이나 행위이다. 끈기를 보인 몇 가지 사례를 소개하기로 한다. 케네디 코블(Kennedy Cobble)은 10년 전인 14세 때부터 암과 사투를 벌이기 시작했다. 그 후로 네 번이나 암을 이겨냈고 지금은 교사로 일하고 있다(Minutaglio, 2016). 잭 안드리카(Jack Andraka)는 쉽고 값싼 췌장암 검사법을 개발하기 위해 존스홉킨스대학교에서 과학실험실을 부여 받기까지 199번이나 거절당했었다(Tucker, 2012). 무스타파 칼리파(Mustafa Khaleefah)는 초등학교 6학년 때 이라크 난민이라는 어려운 신분으로 미국에 이주하여 고등학교 2학년 때부터 축구를 시작했지만, 무려 12개 대학교에서 선발되었고 최종적으로 미시간주립대학교로 결정하였다(McCabe, 2016).

나는 이러한 끈기의 개념을 여러분과 여러분의 학생들이 알고 있는 사람에게 적용할 때 다양한 각도에서 생각해 보길 권한다. 이것이 중요한 이유는 간단하다. 앞에서 사례로 소개한 독특한 개인들의 끈기에 대해 말하는 것은 쉽지만, 우리 대다수는 케네디의 경험이라든지 잭의 기회, 무스타파의 처지를 겪어보지 못했기 때문이다. 우리 자신과 우리가 알고 있는 사람들에게서 끈기를 인식하기란 쉬운 일이 아니다. 우리가 끈기를 인식할 수 없다면 어떻게 그것을 축하하고 반복하여 끈기를 발휘할 수 있을까?

**끈기는 장애와 역경에도 불구하고 어떤 목표나 과제를
계속 추구해 나가는 과단성 있는 행동이나 행위이다.**

끈기를 **순응**과 혼동해서는 안 된다. 순응이란 규칙을 준수하고 기대에 따르는 것이다. 학교 소방훈련에 참가했던 사람들은 누구나 소방훈련을 받을 때 규칙을 준수하고 기대에 따르는 순응이 중요하다는 것을 안다. 그러나 생각해 볼 수 있는 또 다른 종류의 순응은 할당된 과제를 몰두하지 않고 고분고분 따르면서 완성하는 것이다. 이러한 유형의 순응은 절대로 교사의 목표가 되어서는 안 된다. 만약 여러분이 양을 모는 목동이거나 뱀을 다루는 사람이라면 이런 유형의 순응은 좋다. 그러나 교사에게는 아니다. 그 차이점은 행동이 시작되는 곳

에 있다. 순응은 무언가가 강제되는 것이다. 그것은 여러분이 논쟁을 끝내기 위해 미안함을 느끼지 않으면서도 미안하다고 말하는 것과 같다. 여러분은 끈기를 가지고 그 갈등에 접근할 만큼 전념하지는 않는다. 오히려 포기하고 넘어갈 것이다. 내 경험에 비추어 보면 그렇다. 교실은 할당된 과제를 순응하며 완수하는 학생들로 가득하다. 그들은 조용히 앉아 과제를 수행하지만 결코 몰두하지는 않는다. 도전에 직면했을 때 포기하지 않는다면 그것을 해결하기 위한 그들의 노력은 최소화될 것이다. 순응하며 과제를 완수하는 학생들은 그릿이 강한 사람이 되지 못할 것이다. 왜냐하면 열정을 키우지 못하고 일이 어려워지면 지속하지 않을 것이기 때문이다.

2016년 『포춘(Fortune)』 선정 글로벌 500대 기업 분석 포럼에서 미국 항공기 제작사인 보잉사의 최고기술책임자 그레그 하이슬롭(Greg Hyslop)은 끈기가 천 년 왕국이 가질 수 있는 가장 중요한 기술이라는 사례를 만들었다. 하이슬롭은 보잉사의 프로젝트는 완료하는 데 대부분 10년 이상 걸리지만, 많은 젊은 직원이 완료할 때까지 버티지 못한다고 하였다. 오랜 기간 프로젝트를 지속하며 일하는 직원들은 혁신적인 분야에서 성공하는 데 매우 중요한 **문제해결기술**과 **갈등처리기술**을 배우게 된다. 그러나 하던 일을 그만두고 현혹되는 다른 일로 넘어가는 사람들은 이러한 기술을 배울 기회를 놓치게 된다.

끈기를 보이는 것은, 특히 완전하지 못한 상황에서 끈기를 보이는 것은 그 사람이 신뢰할 만한 사람임을 나타내 준다. 록 밴드 그룹인 '톰 페티 앤 더 하트브레이커스(Tom Petty and the Heartbreakers)'의 노래 가사로 표현하면 "당신은 나를 지옥의 문에 세워 둘 수는 있어요. 하지만 난 뒤로 물러서지 않을 거예요."이다. 분명 지옥의 특정 문은 우리의 삶을 통해서 변경될 수 있다. 중요한 것은 우리가 포기하지 않는 것이다. 무언가에 포기하지 않고 끝까지 지속하는 것은 주변 사람들에게 장애와 역경에도 아랑곳하지 않고 과제에 전념하고 있음을 보여 주는 것이다.

또한 포기하지 않음으로써 우리는 스스로에게 몇 가지 귀중한 교훈을 가르치게 된다. 삶은 스스로 통제할 수 있고 무슨 일이든 지시할 수 있다는 것을 알게 될 것이다. 이러한 인식을 해야 여러분은 내리는 결정에 대한 힘을 얻게 된다. 또한 도전을 추구함으로써 무언가를 배울 수 있는데, 어쩌면 새로운 방향으로 관심을 넓힐 수도 있을 것이다. 이것이 수업 속에 파묻히고 일상적 활동이나 정해진 일에서 거의 말이 없는 당신의 학생들에게 무엇을 할 수 있는지 상상해 보라. 그들은 자신들이 겪고 있는 장애와 역경에 어떻게 반응하는지에 대한 통제권을 갖고 있고, 이 통제권을 발휘하는 순간 그릿을 키우는 데 필요한 힘을 갖게 된다.

끈기는 종종 학교에서 **인성교육**을 통해 길러진다. 한 교사는 앨버트 아인슈타인(Albert Einstein), 빈센트 반 고흐(Vincent van Gogh) 혹은 닥터 수스(Dr. Seuss)에 관한 주제로 학급토론을 이끈다. 학생들에게 이들의 창조성 아이콘이 포기되었다면 어떤 일이 일어났을지를 상상해 보라고 하면서 말이다. 또 다른 교사는 학생들에게 억압과 싸우기 위해 필요한 결심을 가르치기 위해 영화《헝거 게임(The Hunger Games)》에서 헤이미치(Haymitch)가 영웅인지 악당인지에 대한 활발한 토론을 이끌기도 한다. 그러다가 토론이 과해져서 흥분한 학생들을 진정시키며 갑자기 '인생수업'을 가르치기도 하지만. 그러나 끈기는 별도의 수업으로 가르쳐질 수 없다. 끈기는 개인적이고 복잡한 문제이다.

그릿은 지속적인 인내력, 즉 끈기를 포함한다.

1930년대 매사추세츠의 남자 사립 중등학교인 레녹스 스쿨(Lenox School)에서 검사 실시자들은 이 학교 지원자들의 끈기 수준을 테스트하기 위한 방법을 찾고 있었다. 그들은 선발을 위해 지능검사에 의존했지만 대학 준비를 위해서도 필요하

다고 느꼈던 끈기라는 특성을 측정하길 원했다. 그래서 월터 클라크(Walter Clark, 1935)는 학생들에게 주어진 일련의 문자들로 단어를 만들고, 숫자들로 셈을 하도록 요구하는 두 가지 검사를 개발하였다. 또한 교사들에게 학생들이 수업과 특별활동 시간에 어느 정도 끈기를 보이는지를 평정하도록 요구하였다. 클라크는 단어와 숫자 검사는 끈기를 측정하는 데 꽤 신뢰도가 높다는 것을 발견하였다. 검사 실시자들은 검사에 있어서 학생들의 동기까지는 통제할 수 없는 한계점을 인식하였다. 그들은 학생들에게 검사에 임할 때 최선을 다해 달라고 지시할 뿐이었다.

이러한 동기는 중요한 열쇠가 된다. 그릿은 지속적인 인내력, 즉 끈기가 있어야 한다는 것을 기억하라. 그래서 클라크의 끈기 검사가 처음에는 일정 수준의 '일관성'을 발견했을 수도 있지만, 검사 실시자들이 유용하다고 생각하는 정보는 드러내 주지 못하였다. 그러나 이 절의 서두에서 언급했던 케네디, 잭, 무스타파는 꽤 극단적인 장애물을 극복하는 것 외에도 그들이 추구하는 것에 대한 높은 동기와 열정이 있었다. 만약 그들이 자신의 목표에 대해 상반된 생각을 가지고 있었다면, 목표 추구를 위해 지속해 나가지 못했을 것이다. 이것은 열정이 들어오는 곳이다. 끈기는 종종 그릿과 혼동되지만, 그릿은 오직 끈기와 열정이 조합되어야만 존재한다.

열정

상식적으로, 우리가 무언가를 즐기려면 **열정**(passion)이 중요하다. 무언가를 즐기면 즐길수록 성공하는 데 필요한 연습을 더욱더 쏟게 된다. 별로 좋아하지도 않고 기쁨을 주지 않는 무언가에서 뛰어나게 잘한다는 것은 매우 어려운 일일 것이다. 예를 들어, 나는 절대 뉴저지주 웨스트 케이프 메이(West Cape May, 마을 이름)의 리마 콩 먹기 경연대회 챔피언은 되지 못할 것이다(Alexander, 1988). 왜? 리마 콩을 좋아하지 않기 때문이다. 경연대회에서 우승하려면 리마 콩을 600개나 먹어야 하는데, 나는 600개는커녕 1개 먹는 것에도 전혀 관심이 없다. 상으로 주는 '세계에서 가장 큰 천연가스 공급원(World's Largest Source of Natural Gas)'이라 쓰여 있는 셔츠를 입는 것도 원치 않는다. 나를 위한 것은 아무것도 없으며, 여러분이 내 마음을 바꾸기 위해 리마 콩의 위대함을 말한대도 소용없을 것이다. 관심이 없으면 열정도 없는 것이나 다름없다. 그러나 리마 콩을 좋아하는 사람들에게는 어떨까? 우리는 어떻게 하면 진정한 관심을 갖게 하고, 그 관심을 열정으로 발전시킬 수 있을까? 그리고 학교에서는 이를 위해 어떻게 해야 할까?

그릿은 오직 끈기와 열정이 조합되어야만 존재한다.

그냥 열정이 아닌 '**학습을 위한 열정**(passion for learning: PFL)'을 알아보는 것이 중요하다. PFL은 아동의 시간을 사로잡는 지속적이고 집중적인 흥미이다. 아동들은 이러한 특정한 흥미에 시간을 많이 쏟기 때문에 다른 활동들은 하지 않을 가능성이 크다. 또한 아동에게서 PFL의 출현은 성인이 되었을 때 열정의 출현을 예측해 줄 것이다. 래리 콜맨(Larry Coleman)과 아이게 구오(Aige Guo)는 2013년에 수행한 아이들의 PFL에 관한 연구에서 최소 12개월 동안 특정 영역에 지속적인 PFL을 가진 아이들을 조사하였다. 그들은 다양한 영역에서 PFL을 나타내 보이는 6명의 중학생들에 대해 설명했는데, 이 중 3명은 홈스쿨링을 받는 학생들이었다. 여러분에게 PFL이란 무엇인지 알려주기 위해 빌리의 사례를 들어보고자 한다.

빌리의 PFL은 설교를 하는 것이었다. 그의 부모는 연구자들에게 빌리가 아이들이 일반적으로 좋아하는 장난감에는 흥미를 갖지 않았고, 매우 어린 시절부터 교회에서 들었던 노래를 부르는 것을 좋아했다고 말했다. 유치원 이전에 빌리의 목표는 킹 제임스(King James) 성경을 읽는 것이었고, 13세 때는 회중(會衆, 예배의 모인 신도들)을 갖고 있었다. 빌리는 일반 학교를 다니기 위해 애썼지만 친구들에게 물이나 오일을 부어 말썽을 피우는 경우가 잦았다고 했다. 그는 자신의 종교에 반하는 활동에 참여하는 것을 거부하였고, 성직자 차림의 옷만 입으려 했다(즉, 검은색 정장, 검은색 구두, 금색 십자가). ··· 빌리는 중학교 때 주어지는 숙제를 몹시 싫어했고, 그가 회중을 어떻게 상담하는지 설명하고 하나님의 말씀을 회중과 함께 나눌 때는 흥분된 모습을 보였다. (Coleman & Guo, 2013, p. 12)

콜맨과 구오는 맞춤법에 열정을 가진 소녀 베티와도 면담하였다.

빌리처럼 베티의 흥미는 유치원 이전에 시작되었고, 베티 또한 자신의 열정을 추구하는 것에 집중하기 위해 다른 외부 활동은 지나쳐 버렸다. 그러나 베티의 흥미가 빌리의 흥미보다 훨씬 덜 논쟁적이긴 했지만, 베티는 학교의 국한되는 상황에도 불구하고 맞춤법에 대한 열정을 키우는 것을 잘 설명하였다. 베티는 버스에서, 학교 쉬는 시간에, 한가한 시간 중에, 그리고 할 수 있을 때 언제든 맞춤법 공부를 위해 주당 40시간을 바쳤다. 하지만 그렇다 해도 수업 중에는 맞춤법 공부 시간을 정해 놓지는 않았다고 했다.

학교에서의 시간은 열정을 추구하는 것에 바쳐져야 할까? 조셉 렌줄리(Joseph Renzulli) 박사는 그래야 한다고 생각한다. 그는 수십 년 동안 영재교육을 연구해 온 교육심리학자이다. 렌줄리 박사는 이 분야에서 영재교육에 대한 공헌과 헌신 때문에 영재의 대부라 불린다. 그는 **영재성의 삼원 개념**(three-ring conception of giftedness)이라 칭하는 영재성의 3요소 벤다이어그램을 개발하였다([그림 2] 참조). 그러면서 영재성을 평균 이상의 지능, 과제집착력, 창의성의 조합으로 정의하였다(Renzulli, 1984). 과제집착력은 지속적인 인내력, 즉 끈기로 설명되어 왔다. 이 모델이 시사하는 바는, 누군가가 어떤 영역에서 가진 세 요소의 양은 시간에 따라 바뀔 수 있지만, 세 요소 모두가 갖춰져야 전통적인 학습환경에서 지원될 수 없는 영재성 수준이 나타난다는 점이다.

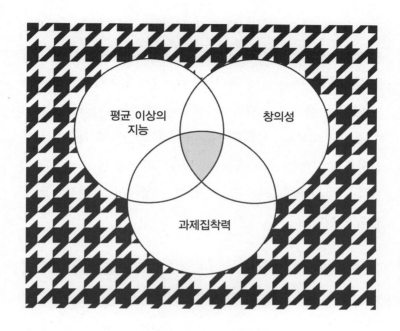

[그림 2] 영재성의 삼원 개념

출처: Renzulli, J. S., & Reis, S. M. (2014). *The schoolwide enrichment model: A how-to guide for talent development* (3rd ed., p. 22). Waco, TX: Prufrock Press.

그래서 렌줄리(1984)는 영재학생의 필요와 요구를 충족시키기 위한 세 가지 방면의 접근인 **삼부심화학습모델**(enrichment triad model)을 개발하였다([그림 3] 참조). 그 후 이 모델은 서로 다른 능력을 가진 아이들의 학습경험을 풍부히 하는 데 사용될 수 있도록 발전되었다. 심화학습의 유형 I은 학생들을 고무시키기 위한 일반적 탐색 활동을 포함하며, 그 활동들을 여러

교과와 흥미에 따라 적절하게 부과하였다. 심화학습 유형 II는 흥미와 창의성을 기를 때 필요한 비판적 사고와 문제해결기술을 증진하는 데 중점을 둔다. 유형 I에서 활동들이 구조화될 수 있지만, 유형 II는 보다 유기적(organic)이며 학생들의 필요와 요구에 따른다. 심화학습 유형 III은 학생들의 학습을 위한 열정을 증진하는 것과 유사하다. 자신의 흥미에 전념하는 학생들은 자신에게 몰두하며, 이러한 과정에서 '창의적으로 몰입'하게 된다.

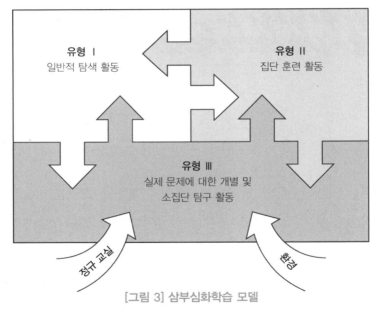

[그림 3] 삼부심화학습 모델

출처: Renzulli, J. S., & Reis, S. M. (2014). *The schoolwide enrichment model: A how-to guide for talent development* (3rd ed., p. 50). Waco, TX: Prufrock Press.

로버트 밸러란드와 그의 동료들(Vallerand et al., 2003)은 10년 이상 열정에 대해 연구하였다. 그들은 열정을 자신이 좋아하고 가치 있게 여기며 시간과 에너지를 쏟는 어떤 활동이나 대상 혹은 사람에 대한 강한 열망이라고 정의한다. 그들의 이원적 열정 모델에 따르면 두 가지 유형의 열정이 있는데, 하나는 **조화로운 열정**(harmonious passion)이고 다른 하나는 **강박적인 열정**(obsessive passion)이다.

여러분이 어떤 활동을 위한 '조화로운 열정'을 갖고 있다면 그것으로부터 기쁨을 얻기 때문에 그것을 한다. 여러분은 그 활동에 몰두하기 위해 내재적으로 동기화되며, 이러한 열정은 다른 삶의 부분들을 방해하지 않는다. 예를 들어, 나처럼 청소년 문학에 조화로운 열정을 느낀다면, 존 그린(John Green) 작가의 가장 따끈따끈한 신간을 움켜쥐고 있을 때처럼 행복한 경우는 없을 것이다. 이런 사람들은 자유 시간에 무엇을 해야 할지 선택권이 주어진다면 독서를 선택하기 쉽다. 또한 그럴수록 친구들에게 독서를 권장하는 경향이 있으며, 이와 같은 열정을 가진 누군가를 만나면 진정한 기쁨을 경험한다. 이렇게 조화로운 열정은 대체로 긍정적 행동으로 간주되며, 건전한 **자기정체성**의 일부로 내면화된다.

열정은 자신이 좋아하고 가치 있게 여기며
시간과 에너지를 쏟는 어떤 활동이나 대상 혹은 사람에 대한
강한 열망이다(Vallerand et al., 2003).

여러분이 어떤 활동을 위한 '강박적인 열정'을 갖고 있다면, 여러분의 행동은 좀 더 부적합하고 갈등적인 상황으로 이끌 수 있다. 이러한 열정은 자신의 흥미를 따르기 위해 인간관계와 일, 그리고 삶의 다른 중요한 부분들이 위험해질 때까지 모든 것을 대신하게 된다. 쉽게 상상이 안 된다면, 내 남편의 예를 들어 보겠다. 어떤 대학 축구팀이 경기를 하고 있을 때 우리집에 와서 내 남편에게 좋아하는 곳에서 저녁 식사를 대접하고 싶다고 말해 봐라. 그러면 여러분은 혼자 저녁을 먹게 될 것이다. 강박적인 열정은 중독과 비슷하다. 중독이 되면 어떤 활동이나 대상 혹은 사람에 대한 흥분이 지나쳐서 그 밖의 것들은 보지 못한다. 또한 강박적인 열정은 소모적인 자기정체성의 일부로 내면화된다. 이러한 열정이 없으면 여러분은 자신이 누구인지 혹은 자신이 무엇에 신경을 써야 하는지 잘 알지 못한다.

이러한 강박적인 열정을 가진 아이들은, 교사가 아이들이

계속 하고 싶은 활동을 다른 것으로 옮기려고 한다든지, 부모가 자녀들의 스크린 타임(screen time, 역주: 스마트폰 등으로 영상을 보는 데 사용되는 시간)을 제한할 때 흔히 볼 수 있다. 이러한 활동은 아이들의 정체성의 일부는 아닐 것이다. 단지 그들의 흥미가 교사가 제공하는 어떤 것보다 좀 더 강력한 것일 뿐이다.

비록 열정의 끊임없는 추구가 그릿을 형성하는 데 필수적이라 하더라도 **유연성** 또한 그릿의 중요한 요소라 할 수 있다. 건전한 방식으로 새로운 상황에 적응하기 위해서는 조화로운 열정과 강박적인 열정을 구분할 수 있어야 한다. 예를 들어, 내 남편은 그의 열정을 다른 어떤 활동과 결합하고자 할 때 그가 무시무시한 사람이라는 것을 시간이 지나면서 깨달았다. 때때로 강박적이긴 하지만 그의 자기지각은 갈등의 가능성을 최소화한다.

흥미롭게도, 어떤 과제에 소비하는 시간의 양은 그 열정이 조화로운 것인지 아니면 강박적인 것인지를 밝혀내지 못한다. 중요한 것은 그 행위에 대해 어떻게 느끼는가이다. 만약 열정을 추구하는 동안 자신이 시간과 정서를 통제하고 있다고 느낀다면, 그 열정은 강박적이기보다는 조화로운 것일 수 있다. 만약 자신의 열정을 전념해야만 하는 것이라고 느끼거나 자신을 형편없는 사람이라고 느낀다든지 다른 사람이 자신을 나쁘게 생각할 것이라고 느낀다면, 우리의 열정은 건전하지 못한 것일 수 있다. 강박적인 열정을 가진 사람은 자신의 정체성을 열정 주위에 형성시키기 때문에 열정과 관련하여 그의 목표를 얼마나 잘 성취하는가는 그가 자신에 대하여 어떻게 느끼는가에 영향을 미친다. 그의 열정 추구는 실패의 여지가 거의 없도록 하기 때문에 유연성이 없어서 경직되고 덜 창의적이게 된다.

학교에서의 그릿

대부분의 우리 교육자들은 아이들의 삶에 변화를 주고 싶어서 이 분야에 뛰어들었다. 우리는 교육에 신념이 있고, 교사가 아이의 교육 경험에 영향을 미치는 결정적인 요소라고 믿고 있다. 여러분이 아무리 노력했어도 혹은 의도가 무엇이었든 간에 열망하던 변화를 주지 못했다고 느끼는 것보다, 즉 아이 교육에 실패했다고 느끼는 것보다 더 나쁜 것은 없을 것이다. 물론, 그 아이의 삶의 후반부까지 영향을 볼 수 없다며 스스로에게 말할 수도 있다. 그러나 우리가 잠시 이 판타지랜드(fantasyland)에서 나오면 현실에 마주하게 된다. 현실에는 우리가 도달하지 못한 아이들이 있다. 우리가 실패한 아이들이 있다. 이에 대해 우리는 대단히 미안해하고 후회한다. 그러면서 우리가 그 밖에 할 수 있는 게 무엇인지 열심히 알아볼 것이다. 우리는 교육의 힘을 믿기 때문에 이러한 어두운 순간으로부터 무언가 배울 것이 있다고 확신한다. 우리가 연구하고 책을 읽어야 하는 이유가 바로 여기에 있다. 여러분이 이 책을 읽고 있는 것도 바로 그 때문이다.

그릿은 인지능력과 마찬가지로 성공에 영향을 미치는 중요한 요인이다.

잠시 인지능력으로 돌아가 보자. 더크워스(2016)는 그릿이 성공의 중요한 예측 요인이며 인지능력보다 성공을 더 잘 예측할 것이라고 주장하였다. 1904년에 찰스 스피어만(Charles Spearman)은 **지능의 일반 요인**(general factor)에 관한 논문을 발표하였다. 그는 이것을 g라고 불렀다. 여러 개의 종합성취도검사(시각, 공간, 언어, 기억 등)를 연구한 후에 그는 점수들이 검사 전역에 걸쳐 꽤 비슷하다는 것을 알아냈다. 즉, 한 검사에서 낮은 점수를 받은 사람은 다른 검사에서도 비슷하게 낮은 점수를 받았다. 게다가 연구자들은 g와 IQ 간에는 밀접한 정적 관계가 있다고 반복해서 보고하였다(Carroll, 1997; Gottfredson, 1998; Jensen, 1980; Spearman, 1904). 예를 들어, 높은 g를 가진

사람은 높은 IQ를 갖고 있다는 것이다. 이 점에 대해 여러분이 왜 주의를 기울여야 할까? g 때문에 IQ는 시간이 지나도 꽤 안정적이다. 여러분이 청소년이라 가정하고 신뢰도가 높은 IQ 검사를 치렀다고 해 보자. 여러분의 IQ 백분위는 좀 더 나이가 들어 성인이 되었을 때 다른 IQ검사를 치르더라도 비슷하게 나올 것이다. 지금 여러분에게 이건 큰 우울감으로 다가갈지도 모르겠다. 이 말인즉슨 우리가 지능을 높일 수 없다면 매일 아침 굳이 일찍 일어나서 학교에 갈 준비를 할 필요가 없다는 것이다. 그런데 더크워스와 그의 동료들(Duckworth, Peterson, Matthews, & Kelly, 2007)은 그릿이라는 요소가 인지능력만큼이나 성공에 큰 영향을 미친다고 한다.

이 점에 대해 주목하고 살펴보자. 여러분은 고등학교 3학년 때 대학 수준의 수업을 받고 학점 취득이 인정되는 코스인 심화학습과정을 수강하기로 결정하는 보통의 학생이라고 가정해 보자. 여러분은 대학 학점이 필요하고 이것을 할 수 있다는 것을 증명해 보이길 원한다. 열심히 공부하고, 튜터(tutor)를 만나 개인교수를 받으며, 과제를 모두 완수한다. 이런저런 어려움을 겪지만 결국에는 학급에서 높은 점수를 받아 좋은 등급을 받는다. 여러분은 심화학습과정을 통해서 자기 나름의 방식으로 열심히 공부했고 대학 학점을 취득하였다. 여러분의 지능에는 아무런 변화가 없다. 그러나 시작했을 때보다 더 많이 알고 있고, 공부습관을 향상시켰다. 이로써 자기 자신을 신뢰하고 무엇이든 할 수 있다고 믿는다. 이것이 바로 '그릿'이다.

여러분은 학교에서 담당 학생들의 IQ에 대해 서로 자랑하는 교사들을 본 적이 있는가? 우리는 교육에서 무엇을 신경 써야 할까? 나는 여러분을 모르고 어떤 가정도 하지 않겠지만 여기서는 우리가 교육에서 신경 써야 할 것을 말하고자 한다. 〈표 1〉에 10가지가 제시되어 있다.

분명히 말해서 이 10가지는 인성교육이나 매주 역할놀이를 한다고 해서 길러지지 않는다. 우리는 아이들이 계속 반복하여 이러한 행동을 적극적으로 연습하게 하는 학습경험을 설계해야 한다. 전체 학년을 하나의 거대한 **프로젝트기반학습**(project-based learning) 모험으로 생각하라. 우리는 학생들의 공감능력을 보여 주기 위해 봉사학습 프로젝트를 수행하라고 요구하는 수업을 설계하지 않는다. 학생들이 다양한 관점에서 사건을 보도록 요구하는 엄밀한 역사수업을 설계할 것이다. 학생들에게 한 달 동안 과학 프로젝트를 수행하라고 강요하지도 않는다. 학생들에게 마음껏 질문을 던지게 하고 그 질문에 대한 답을 찾을 시간을 제공하는 도전적인 수업을 만들어 갈 것이다.

그릿이 우리의 모든 문제를 해결해 줄 수는 없다. 우리는 사람을 다루고 있고, 사람은 예측할 수 없는 존재이다. 그러나 그릿은 우리가 교육에 접근하는 방법을 개선하기 위한 하나의 도구로 가질 수는 있다.

<표 1> 우리가 교육에서 신경 써야 할 10가지

1. 아이들은 학습할 수 있다고 믿으며 시간이 지남에 따라 학습의 성장을 증명해 보인다.

2. 아이들은 발견 과정을 너무 좋아해서 시간 가는지도 모른다.

3. 아이들은 도전에 대처하는 방법을 알고 나름대로의 방식으로 문제를 해결한다.

4. 아이들은 공감을 느끼며 다른 사람들을 진정으로 존중한다.

5. 아이들은 열정적이며 자신의 열정을 똑똑히 말할 수 있다.

6. 아이들은 자신의 행동을 통제할 수 있고, 따라서 행동의 결과가 어떻게 될 것인지 알고 있다.

7. 아이들은 포기하고 싶을 때의 기분이 어떤지 알지만 지속해 나간다.

8. 아이들은 단기목표와 장기목표를 성취하기 위해서 필요한 자제력을 가진다.

9. 아이들은 학습 과정에 몰두하기 때문에 내재적으로 동기화된다.

10. 아이들은 자신의 강점과 약점을 알고 있고, 그것이 고정적인 것이 아님을 이해한다.

따라서 여러분이 어떤 학생의 IQ에 대하여 자랑스러워하는 교사의 말을 듣지 못할지라도 재능에 대한 논의는 쉽게 들을 수 있다. 더크워스는 성취도를 재능 덕분(혹은 부족)으로 설명하는 것은 우리가 게으르기 때문이라고 주장하였다(Lebowitz,

2016a에서 인용). 우리는 뭔가 대단한 것(성공)을 우리가 선천적으로 갖고 태어난 무언가의 탓으로 돌린다. 그래서 우리는 스타를 원하거나 더 깊이 파고들 수 있는 것이다.

학생들에게 그릿 소개하기

이제 여러분은 그릿이란 것이 학생들이 일시적인 화려한 활동을 통해 배우는 것은 아니라는 점을 알 것이다. 그릿은 시간이 흐름에 따라 계속 길러질 필요가 있는 기능이다. 그런데 이 그릿을 학생들의 마음속 최전선에 두게 할 수 있는 단계들이 있다. 무엇보다도 우리 교육자들이 그릿이란 기능이 무엇처럼 보이는지를 이해할 준비가 되어 있다면 그 기능을 계발하기가 더 쉽다.

먼저, 학생들에게 목표를 향한 열정과 끈기를 보여 준 '인물'을 소개함으로써 그들의 그릿에 대한 이해를 도와줄 수 있다. 학생들의 수준을 고려하여 그에 맞는 독서 내용을 선택해 보라.

예를 들면, 영어 시간에는 조앤 롤링(Joan Rowling, 해리포터 시리즈 저자)이나 앤지 토마스(Angie Thomas, 《당신이 남긴 증오》로 '윌리엄모리스 상'을 수상), 과학 시간에는 마리 퀴리(Marie Curie)나 앨버트 아이슈타인(Albert Einstein), 사회 시간에는 넬

슨 만델라(Nelson Mandela)나 에이브러햄 링컨(Abraham Lincoln), 수학 시간에는 아이작 뉴턴(Issac Newton)이나 마조리 리 브라운(Marjorie Lee Browne)의 전기를 읽을 수 있다. 물론 마이클 조던(Michael Jordan), 프리다 칼로(Frida Kahlo), 제이 지(Jay Z, 미국의 힙합 가수)를 비롯한 많은 다른 사람을 선정할 수도 있다. 자신의 분야에서 이렇게 성공한 사람들 대부분은 그릿 덕분이었다. 학생들에게 이들의 전기를 제공함으로써 학생들이 도달해야 할 결론을 알려줄 수 있다.

**학생들의 마음속 최전선에
그릿을 두게 하기 위한 순간을 놓치지 말라.**

TV와 영화를 활용하여 학생들에게 그릿의 개념을 소개하는 것도 좋다. 열정과 끈기를 보여 주는 TV 프로그램이나 영화의 주요 인물들을 통해 그릿을 배울 수 있다. 방법으로는 학생들에게 간단한 동영상을 보여 주고 그릿을 나타내는 행위를 찾아보라고 할 수 있으며, 학생들에게 약점 부분, 즉 인물들이 자신의 목표에 도달하기 위해 달리 결정할 수 있었던 부분을 찾아보라고 할 수 있다.

물론 학생들이 자신과 주변 사람들에게서 그릿을 발견하는 것이 가장 중요하다. 학생들에게 개인적으로 알고 있는 사람들 중에서 성공하는 데 필요한 열정과 끈기를 잘 보여 주고 있는 (혹은 그렇지 못한) 사람을 찾아 그에 대한 저널을 만들어 보라고 해 보라. 학생들과 현재의 사건이나 과거의 역사적 사건에 대해 토론할 때 '그릿'이 포함되도록 하게 하는 것도 있다. 학생들의 마음의 최전선에 그릿을 두게 하기 위한 순간을 놓치지 말라.

학생들이 그릿의 개념을 이해하면, 여러분은 그들에게 〈표 2〉를 보여 줄 수 있다. 이 표는 그릿이 강한 학생과 그릿이 약한 학생의 징후를 나타낸다. 학생들에게 배운 것을 적용할 수 있도록 표에 특정 행동과 행위를 보태도록 해 보자. 이것은 학생들이 그릿이란 무엇인가를 명확히 이해하여 자신의 경험에 **전이**(transfer)할 수 있도록 하는 데 매우 중요하다.

〈표 2〉 그릿이 강한 학생과 약한 학생

그릿이 강한 학생	그릿이 약한 학생
• 수학시험에서 나쁜 점수를 받았을 때 교사에게 다음번에 좋은 점수를 받으려면 어떻게 해야 하는가를 묻는다.	• 나쁜 점수를 받으면 화를 내며 시험지를 내던진다.
• 교사가 프로젝트를 소개하면 프로젝트 수행에 대해 신이 난다.	• 개방형의 프로젝트에 짜증내며 교사가 단지 좋은 성적을 얻는 방법만 말해 주길 바랄 뿐이다.
• 집단 프로젝트를 수행할 때 말이 많지만 대부분 과제와 관련된 것이다.	• 종종 학기말에 교사에게 보너스 점수 혹은 점수를 올려달라고 요구한다.

수월성의 추구

더크워스와 그로스(Duckworth & Gross, 2014)는 재능이 어떻게 성취에로 이끄는가를 설명하기 위해 다음 두 개의 방정식을 제안하였다(p. 44).

재능(Talent) × 노력(Effort) = 기능(Skill)

기능(Skill) × 노력(Effort) = 성취(Achievement)

'노력'이 두 방정식에 모두 포함되어 있다는 것에 주목하라. 사실, 내가 고등학교 수학 대수시간에 배운 것을 정확히 기억한다면 이 방정식을 다음과 같이 새롭게 표현할 수 있다.

(재능 × 노력) × 노력 = 성취

　　　혹은

재능 × 노력^2 = 성취

그래, 내가 지금 수학 좀 안다고 잘난 척하고 있지만, 여러분은 정말로 성취를 위한 이 경로의 힘을 생각해 봐야 한다. 확실히 성취를 위해서는 재능이 중요하긴 하지만 노력이 훨씬 더 큰 영향을 미친다. 참 근사한 일이지 않나?

여러 해 전에 나는 세 명의 뛰어난 체조선수들과 함께 일할 기회가 있었다. 그들은 중학교 2학년 때까지 체육관에서 엄청난 훈련을 받았다. 그들 중 한 명은 주중에는 하숙집 주인 가족들과 함께 살며 체육관에서 훈련을 받았고, 주말에는 집에 가서 부모 형제를 만났다. 체조선수들의 훈련은 매일 일찍 시작하여 늦게 끝났다. 나는 운 좋게도 그들의 영어 교사가 되었고, 그들을 위해 혼합 코스를 만들었다. 일주일에 3일간은 직접 만나 영어를 가르쳤고, 나머지 날은 그들이 집이나 체육관에서 영어 공부를 할 수 있도록 했다.

학생들에게 그들의 '이유'를 찾도록 도와주는 것이 중요하다.

세 명의 체조 소녀들은 꽤 재능이 있었고 텍사스 체육관에서 올림픽 챔피언인 킴 즈머스칼 버데트(Kim Zmerskal Burdette)와 함께 훈련을 하도록 선발되었다. 그들의 기능(재능×노력)은 부정할 수 없었다. 더크워스(2016)는 기능과 성취 간에는 무언가가 발생한다고 주장하였다. 어떤 의미에서 기능을 가지는 것은 쉽다. 여러분이 재능을 갖고 있어서 그 재능을 키우기 위해 노력을 투입한다. 그러나 그 기능을 가지고 성취로 이끌기 위해서는 여러분이 훨씬 더 많은 노력을 기울여야 한다. 체조 선수들은 국제대회에서 경쟁하고, 대학장학금을 받고, 올림픽에 출전할 기회를 갖기 위해서 체조에 전념해야만 했다. 그들은 목표를 성취하기 위해 체육관 안팎으로 직면한 모든 도전에 인내했다. 이 소녀들이 체조에 전념한 이면의 '이유'는 바로 열정이었다. 비록 그들이 모든 훈련과 모든 부상을 좋아하진 않았지만 경쟁과 수월성을 추구하는 것을 좋아했다.

학교에서 우리가 학생들에게 그들의 '이유'를 찾도록 도와주는 것이 중요하다. 만약 여러분이 우리가 이것을 행하는 방법을 알아내야 한다고 생각하지 않는다면, 교실 뒤에서 한 아이에게 그가 왜 여러분의 수업을 들어야 하는지 이유를 물어보라. 그 대답은 "잘 모르겠어요."부터 "제가 해야 하기 때문에요."에 이르기까지 매우 다양할 것이다. '이유'를 갖고 있지 않다고 응답한 학생들을 만나면 왜 여러분이 거기에 있어야 하는지 궁금해할 수도 있다.

여러분이 나(우뇌의 세계에 가끔씩 발을 디뎠던 거의 좌뇌형 인간)와 같다면, 실생활에서 대수를 이용할 때 매우 흥분해할 것이다. 어떤 포스터에 수학을 사용하는 직업을 모두 나열했는데도 실제로는 이에 관심을 두지 않기 때문이다. 그러나 내가 빈스카뮤토(Vince Camuto, 패션 브랜드명)의 할인된 구두 가격이 얼마인지 알아내려고 할 때는 내 머릿속에 방정식을 시각화하고, 스마트폰에서 수리적 계산을 하며, 내게 대수를 가르쳤던 교사에게 감사한 마음을 가진다. (그러고는 이 멋진 구두를 아무에게도 알리지 않고 집에 가져올 수 있는 방법을 계획하기 시작한다.) 여러분은 무엇이 알고 싶은가? 나는 여전히 수학에 관심이 없다. 나는 좋은 거래를 하는 것에 관심이 있고, 패션은 확실히 내 열정 중의 하나이다. 그래서 그것이 나의 '이유'이며, 이는 나의 개인적인 경우다.

그러나, 들어봐라. 나는 여기서 수학교사들이 학생의 관심을 끄는 문제를 만들어야 한다는 걸 주장하려는 것이 아니다. 내게 대수를 가르쳤던 선생님은 수천 쌍의 신발 판매 가격을 계산하도록 강요했고, 그래서 나는 아직도 수학에 관심이 없다. 방정식을 푸는 것은 지금 내 열정과는 관련이 없지만, 그럼에도 수업을 듣는 중요한 까닭은 무엇일까? 요구되는 것 외에도 나는 그 학문을 존중한다는 것을 배웠다. 나는 모든 변수가 방정식에서 어떻게 구실을 하고 있는지에 고마워했고, 내가 시간을 투자하면 다단계의 문제를 정확하게 풀 수 있다는 것을 배웠다. 또한 수학이 내게는 쉽지 않기 때문에 수학 학습을 위해서는 별도의 시간을 쏟아야만 한다는 것도 배웠다. 그리고 무엇보다 중요한 것은 내가 무언가 어려운 것을 배웠을 때는 엄청나게 자부심을 느낀다는 것을 배웠다는 사실이다.

앞에서 제시한 방정식을 통해 더크워스(2016)는 다른 사람보다 재능이 두 배인 어떤 사람이 다른 사람보다 절반의 노력을 기울인다면 그 사람과 마찬가지로 기능 수준이 같아지지만, 시간이 지나면서는 다른 사람보다 덜 성취하게 될 것이라고 하였다. 교사로서 내가 SSR(silent sustained reading, 역주: '지속적으로 조용하게 읽기'라는 뜻으로, 미국의 학교에서 영어 교과 과정의 일환으로 학생들이 자신이 원하는 책을 찾아서 책 읽기 시간을 진행하는 것)을 들었던 이래로 가장 큰 일이다. 우리가 학생들과 함께 노력할 때, 특히 진정한 노력에 강조를 둘 때 우리는 그들의 성취를 증진하기 위한 방법을 그들에게 보여 주고 있는 셈이다. 진정한 노력을 중요시 여기는 커뮤니티를 형성하면 여러분은 어떻게 하면 기능을 습득하고, 열정을 추구하며, 우수하게 되는가에 대한 방법을 알고 있는 개인들을 만들고 있는 셈이다.

샘이라는 아이는 내가 가르침에 실패했던 학생이었다. 나는 완전히 그를 잘 파악했다고 생각했다. 샘은 중학교 1학년 때 무척 영리하지만 성적이 저조한 학생이었고, 나는 그의 성취도를 향상시키려고 노력했다. 그래서 2학년 영어 시간에 나는, 일주일 중 하루는 학생들이 독립적인 공부를 하도록 계획했다. 학생들이 선택할 수 있는 주제의 가이드라인은 거의 제공하지 않았고 연구 체크포인트만 설정했다. 나는 학생들이 좀 더 흥미를 갖고 서로에게 다양한 주제를 설명하도록 하기 위한 방법으로 그들의 연구결과를 반 학생들에게 비공식적으로 보고하게 하였다. 내가 말하고자 하는 것은, 나는 학년 내내 자료를 제공하는 교사였다는 점이다.

우리가 학생들과 함께 노력할 때, 특히 진정한 노력에 강조를 둘 때 우리는 그들의 성취를 증진하기 위한 방법을 그들에게 보여 주고 있는 셈이다.

샘은 월드 와이드 웹의 지하세계인 다크 웹(dark web, 역주: 일반 인터넷 검색 엔진에서 검색되지 않고 특정 환경의 인터넷 브라우저에서만 접속되는 웹사이트로, 비트코인 불법 거래와 랜섬웨어를 이용한 금전 요구 등 사이버 범죄가 발생되기도 함)을 연구하기로 했다. 그의 첫 번째 비공식적인 발표는 놀라울 정도로 환상적이었다. 그러나 두 번째 발표는 별로였다. 그는 거의 똑같은 정보를 반 친구들에게 반복했다. 나는 나중에 그가 지난달에 아무것도 하지 않았다는 사실에 대해 토론하기 위해 그를 조용히 옆에 세워두려고 했다. 그런데 줄리아가 우리 모두가 생각하고 있는 것을 말해 주었다. "샘, 네가 지난달에 우리에게 말한 것과 똑같은 내용이잖아, 안 그래?" 이에 샘이 "이 주제에

대해 이용할 수 있는 다른 정보는 없어. 모두가 기밀사항이야." 샘의 말은 맞다. 그는 확실히 그의 연구에 우리가 순응하도록 하게 만드는 기능을 갖고 있었지만, 노력을 하지 않았다. 그 주제에 관한 그의 흥미는 약했는지 모른다. 샘은 집중력을 유지할 만큼 충분히 자제력이 없었던 것인지도 모른다. 아니면 피곤했을지도 모르겠다. 학습과 열정은 개인적인 것이므로 내가 알 수는 없다. 우리는 스스로를 덫에서 빠져나오도록 해야 하고, 도전을 즐겨야 한다. 많은 사람에게 있어서 도전은 열정이다. 그렇지 않은가?

한편, 조지는 좀 더 성공적인 학생이었다. 그는 타고난 재능은 없었지만 모든 과제를 수행하기 위해 애를 썼다. 그의 연구주제와 문제는 매우 간단했다. 이 소년에 대해 말해 보면, 그는 펭귄을 정말 좋아했고, 자료 인용부터 연구결과를 논리적으로 쓰기까지 연구의 모든 부분에 엄청난 양의 노력을 쏟아부었다. 학기말에 그의 연구문제는 감금 상태의 펭귄과 지구온난화가 펭귄의 삶에 미치는 영향에 관한 좀 더 큰 이슈로 발전되었다. 조지는 연구기능과 자기신뢰 및 비판적인 사고기능을 배우면서 그릿을 증명해 보였다.

마지막 생각

품질의 척도가 되어라. 어떤 사람들은 탁월함이 기대되는
환경에 익숙하지 않다.

- 스티브 잡스(Steve Jobs)

그릿은 지속적인 인내, 즉 끈기와 조합된 강렬한 열정의
결과이며, 시간의 흐름에 따라 성공과 실패의 차이를 가져올
수 있다. 그릿을 키울 때는 노력이 성취보다 그리고 재능보다
두 배나 중요하다. 학생들에게 우리가 가진 모든 것을 주는 교
사로서, 우리는 그들의 그릿을 키우기 위한 실제적인 단계를
취할 수 있다.

자제력과 열정은 그릿을 이해하는 데 중요하다. 학교는 학
생들이 자신의 행동을 관리하고 열정을 불태우도록 도와줄 수
있는 곳이다. 교사로서 우리는 학생들에게 교과내용을 가르쳐
야 하는 한편, 도전에 직면하여 포기하지 않고 지속해 나가는
능력을 키워줘야 하는 두 가지 목적을 가지고 있다.

토론 질문

1. 여러분이 도전에 직면하여 이에 굴하지 않고 끈기를 갖고 지속해 나갔던 때를 기술하라. 도전하기 전과 도전 중에, 그리고 도전을 한 후에 기분이 어떠했는가? 여러분이 포기했거나 패배했던 때는 어떠했는가?

2. '우리가 교육에서 신경 써야 할 10가지'(p. 46)를 읽어보라. 이 중 어떤 것이 속하지 않아야 하는가? 누락된 것이 있는가?

3. 더크워스의 그릿에 대한 방정식(p. 50)을 살펴보라. 여러분은 여기에 동의하는가? 노력이 재능보다 성취도에 좀 더 큰 영향을 미쳤던 때의 예를 생각할 수 있는가?

제2장
그릿의 측정

그릿은 "여러분이 사랑하는 것을 행하는 것, 즉 사랑에 빠지는 것이 아니라 사랑에 머무는 것"이다(Duckworth, 2016, p. 54).

　노스텍사스대학교 박사과정을 시작했을 때, 나는 교육 분야 중에서 내가 찾을 수 있는 가장 어려운 전공 분야를 골라 그 프로그램에 지원했었다. 수년간 학교를 다니면서 별로 도전하지 않았다고 느꼈었고, 그래서 내가 박사학위를 취득한다면 도전이 수반되는 분야에서 성취감을 느끼길 원했던 것이다. 나는 전공으로 '연구, 측정 및 통계'를 선택하여 바로 뛰어들었다. 너무 어렵고 겁이 났지만(아직도 '행렬'이란 말만 들어도 몸이 떨린다) 포기하지 않고 계속했다. 뿐만 아니라 측정이론에 대해 대단한 존경심을 갖게 되었고, 검사도구들이 교육실제에 어떻게 정보를 제공해 주는가를 알게 되었다. 이 장에서는 그릿의 측정에 대해 살펴보고, 그릿의 측정이 여러분에게 의미하는 바가 무엇인지를 논의하고자 한다.

더크워스와 그의 동료들은 그릿 측정 도구를 찾을 수 없어서 그들이 직접 **그릿척도**(Grit Scale)를 개발하였다. 더크워스는 그녀의 책(2016, p. 55)에서 10개 문항의 그릿척도를 게재하였다. 또한 8개 문항과 12개 문항의 그릿척도를 자신의 웹사이트(https://sngeladuckworth.com/research)에 링크하여 제공하고 있다(역주: 8개 문항과 12개 문항의 그릿척도는 역자가 번역하여 이 책에 부록으로 제시하였음). 이 검사를 받으면 '그릿' 점수가 계산되어 나온다. 그릿은 변화될 수 있다는 것을 주목하라. 여러분 앞에 놓여 있는 과제에 따라서, 한때는 매우 헌신적이며 집중적인 느낌이 들다가도 다른 때는 좀 더 흥미로운 다른 것으로 넘어갈 준비를 할 수도 있다. 더욱이 전두엽의 발달처럼 그릿도 연령에 따라 발달한다. 그것을 아이들의 주의집중 지속 시간에서 확인할 수 있다. 아이들은 연령이 증가함에 따라 좀 더 긴 시간 동안 집중할 수 있다.

흥미롭게도 그릿검사에서 '열정'을 측정하는 문항들은 우리가 열정과 관련하여 생각하는 흥분, 매혹, 갈망과 같은 정서들에 관해 묻지 않는다. 대신에 새로운 아이디어에 정신이 흐

려지고 집중력을 유지하는 것을 언급한다. 그 때문에 더크워스(2016)는 무언가에 열정을 가지는 것은 쉽지만 그 열정을 유지하기는 힘들다고 하였다. 우리집 창고는 자녀들이 더 이상 사용하지 않는 스포츠 장비로 가득 차 있다. 나의 아들은 캠프나 친구 집에 갔다가 새로운 스포츠를 접하고는 매우 흥분하며 집으로 돌아오곤 했다. 그래서 우리는 아이에게 그 스포츠 장비를 사주고 팀에도 합류시켰다. 아이는 연습하러 가는 것에 불평 한마디 없었고, 모든 경기에서 있었던 일들을 우리에게 말해 주었다. 그러나 나는 그 열정이 오래 가지 못할 것이라고 말하곤 했다. 아들은 연습이나 경기가 없는 날에는 자전거를 타고, 비디오 게임을 하거나, 다른 스포츠를 하는 것을 선택했다. 비록 그가 새로운 스포츠를 즐기긴 했지만 그것에 열정적이지는 못했다. 그건 괜찮고 그럴 수 있는 부분이다. 아들은 단지 아홉 살에 불과하다. 그는 아직 자신의 '일'을 찾지 못했을 뿐이다.

학생들이 열정으로 나아갈 흥미를 갖고 있지 않다면
아직 자신에게 맞는 것을 찾지 못했기 때문이다.

조앤 롤링(Joan K. Rowling)은 "여러분이 독서를 좋아하지 않는다면 그건 여러분에게 맞는 책을 아직 찾지 못했기 때문입니다."라고 말했다. 영어교사로서 나는 이 말에 공감했던 적이 있었는데, 그건 바로 학생들 각자에게 맞는 책을 찾는 임무를 내렸을 때였다. 흥미를 찾는 것도 마찬가지다. 학생들이 열정으로 나아갈 흥미를 갖고 있지 못하다면 아직 자신에게 맞는 것을 찾지 못했기 때문이다. 그래서 우리 교육자들은 학생들의 흥미를 촉발시키고 흥미의 불길에 부채질을 할 멋진 기회를 갖고 있다. 우리는 그들의 흥분된 눈빛을 볼 수 있을 뿐만 아니라 시간이 지남에 따라 흥미를 향한 열정을 유지하기 위한 역량을 키울 수 있다.

'끈기' 문항만을 별도로 살펴보는 것은 흥미롭다. 그릿척도의 반을 차지하는 끈기 문항은 '좌절'과 '열심히 일하는 사람'과 같은 단어가 포함된다(Duckworth, 2016, p. 55). 대부분의 사람들은 그릿을 정의할 때 열정이 빠져 있다는 것을 깨닫지 못한 채 이 단어들을 사용할 것이다. 끈기는 여러분이 마라톤을 할 때도 필요한 것인데, 더 이상 한 발짝도 내딛을 수 없다고 생각되지만 그래도 내딛는 것이 끈기이다. 또한 끈기는 학위과정을 공부할 때도 필요한데, 여러분이 계속 글을 쓸 수 없을 정도로 연구주제에 대해 경멸하게 되었지만 그럼에도 계속 글을 쓰는 것이 끈기이다. 끈기는 어떤 난관이 가로막더라도 무언가에 집중해서 계속하는 것이다. 그러나 끈기를 보인다고 해서 그것에 열정을 갖고 있다는 의미는 아니다. 그리고 열정이 없으면 그릿도 없다.

나는 여러분이 학생들에게 반복해서 그릿척도를 실시하게 하라고 권유하지 않는다. 그 이유 중 하나는 그릿척도는 자기보고식 검사이기 때문에 학생들은 자신이 원하는 바에 따라 응답할 수 있다. 학생들이 척도에 얼마나 솔직하게 최선을 다해 임했느냐에 따라 결과의 신뢰도가 달라진다. 내가 담당한 중학교 2학년 학생들은 닥치는 대로든 고의적이든 간에 응답하는 데 .07초 걸렸다. 나는 사랑스러운 제자 제니에게, 그녀가 나를 혼란에 빠뜨리려 한다는 의심이 들면 "너의 흥미는 해마다 달라지지 않는구나. 이제 너의 반응을 좀 바꿔봐!"라고 소리치지 않을 것 같다. 학생들이 몇 점을 받는가는 중요하지 않다. 중요한 것은 그들이 그릿을 갖도록 만드는 게 무엇이고, 그릿을 키우기 위해 여러분의 학습경험을 의도적으로 설계하는 것이다. 그러니 그 문제로 넘어가 보도록 하자.

그릿척도는 우리가 학생들의 그릿을 키우기 위해 노력할 때 유용하다. 문항들은 각각 간단하긴 하지만 교사가 학생들과 함께 그릿의 구인(construct)을 토론하기에 효과적인 수단이 된다. 그릿의 구성 요소를 다루는 수많은 슬라이드를 가져오지 말고, 대신 한 번에 하나씩 각 문항을 토론하는 것을 고려해 보라. 여러분이 생각하기에 학생들에게 가장 잘 적용할 수 있는 문항들을 선정하라. 모든 문항에 대해 토론하는 것이 그리 중요한 것은 아니다. 진짜 중요한 것은 그릿의 두 측면인 열정과 끈기가 모두 포함되도록 하는 것이다.

학생들에게 한 번에 한 문항씩 자기 자신을 평정하도록 한 다음, 자신의 점수를 증진시킬 수 있는 방법을 고안해 내게 하라. 그들에게 다양한 상황에서 자신의 그릿을 생각해 보게 하라. 다른 학급에서보다 어느 한 학급에서 학생들의 그릿 점수가 더 높은가? 아니면 축구나 밴드 연습에서 점수가 더 높은가? 만약 우리가 학생들의 그릿을 이해하고 키우기를 원한다면, 이 질문들은 꼭 나누어야 할 중요한 대화이다.

그릿 키우기

1985년 벤자민 블룸(Benjamin Bloom) 박사는 아이들의 재능계발 3단계를 제시하였다. 첫 번째 단계는 재미있어 하고, 배우는 걸 좋아하고, 외부로부터 **보상**을 받는 것이다. 상점 스티커와 칭찬 같은 보상은 교사와 부모에게서 주어지며 **흥미**를 계속 추구하도록 격려하는 역할을 한다. 이 단계에서의 흥미는 광범위하거나 특정한 것이며 자주 바뀐다.

두 번째 단계에서 이러한 흥미는 아이의 정체성의 일부가 된다. 이 단계의 아이들은 자기 자신을 축구선수 혹은 작가로서 기술하기 시작하며, 학문을 보다 깊이 파고들기 위한 내재적 동기를 발견한다. 교사들은 학습에 대한 재미와 흥분을 계속 강조하는 한편, 아이들에 대한 높은 기대를 갖게 된다. 부모들은 적절한 수업, 튜터, 코치 등을 찾아 자신들의 자녀를 지원한다.

마지막 단계에서 아이들은 자신의 흥미에 대한 보다 큰 의미를 찾고 숙달을 향해 공부한다. 그들은 경쟁을 좋아하고 자신에게 부과된 요구를 즐긴다. 좀 더 큰 목적을 찾을 때에는 자신의 흥미와 부합하는 진로 및 직업을 확인한다. 교사들은 멘토가 되고 학문을 향한 비슷한 열정과 투신을 함께 나눈다. 부모는 아이들이 추구하는 것을 지원하고 계속해서 가능한 외부 지원과 자금을 모색한다.

엔젤라 더크워스(2016)는 블룸의 이론을 지지하는 다음과 같은 그릿의 네 가지 요소를 밝혀냈다.

- 흥미(블룸의 1단계)
- 연습(블룸의 2단계)
- 목적(블룸의 3단계)
- 희망

우리는 이들 각각을 이해해야만, 그릿을 키운다는 것이 무엇을 의미하는지를 재해석할 수 있다.

흥미 키우기

흥미는 열정의 핵심이다. 더크워스(2016)는 이 흥미를 어린애 같은 호기심, 즉 우선순위를 갖는 매혹으로 기술하였다. 흥미는 어떠한 것에 대해 느끼는 특별한 관심, 즉 열의이다. 나는 서점에 가거나 교사들에게 강연을 할 때 흥미를 느낀다. 흥미는 성취를 느끼는 것이 아니며, 앞으로 올 일에 대해 흥분을 느끼는 것이다.

대부분의 경우 흥미는 번개나 피자배달처럼 그냥 도착하는 것이 아니다. 열정으로 이끄는 흥미는 종종 많은 다른 일을 시도한 결과로 생긴다. 어린아이와 같은 발견은 여러분이 좋아하는 것과 재능이 있는 분야를 찾고 있는 것이다. 그것이 지속적인 열정인지, 의미 있는 것인지, 혹은 결실이 있는 것인지는 중요하지 않다. 예를 들어, 나는 언제나 독서를 참 좋아했다. 어린 시절에는 학교에 가기 전에 책을 읽을 수 있도록 알람시계를 이른 시간에 맞추어 두곤 했다. 책 없이는 어디든 가지 않으며, 두껍고 무거운 책을 갖고 너무 오래 서있을 경우에

대비하여 항상 내 폰에 책 한 권을 다운로드 받아 저장해 둔
다. 하지만 패션 디자이너, 판사, 미국 대통령이 되었으면 좋
겠다고 생각한 적도 있다. 비록 이러한 흥미들이 나의 직업으
로 연결되지는 못했지만 여전히 패션을 좋아하고 법과 정치에
관심이 많다.

열정은 발견에서 시작된다

에이니사 라미레즈(Ainissa Ramirez, 2013)는 **열정기반학습**
(passion-based learning: PBL)을 주장한다. 열정기반학습은 마치
우리가 또 다른 PBL 약성어를 필요로 하는 것처럼 중요하고
좋은 것이다. 그녀는 열정은 교육에서 사용하는 모든
PBL(project-based learning, 프로젝트기반학습)의 핵심이라고 말
한다. 맞는 말이다. 그 핵심은 학생들이 우리가 가르치는 내용
에 몰두하도록 할 필요가 있고, 이를 위해 우리는 가르치는 내
용에 대해 적극적으로 열정을 기울여야 한다는 것이다.

나는 수줍음을 많이 타는 사람이라서 수다를 떨거나 새로
운 사람을 만나는 것에 별로 관심을 두지 않는다. 그러나 내가
어딘가에 모습을 나타내서 교육과정이나 몰입을 위한 교수전
략, 혹은 그릿에 관해 대화를 나누어야 한다는 것을 알면 적극
적으로 참여한다.

내 교실에서도 마찬가지였다. 나는 거의 매년 에드거 앨런

포(Edgar Allan Poe)의 시(詩) '더 레이븐(The Raven)'을 가르쳤고, 매년 빠지지 않고 에드거 앨런 포의 언어를 완전히 습득하는 데 푹 빠져 있었다. 그의 운율이나 어법에서 뭔가 새로운 것을 항상 발견하곤 했으며, 그럴 때면 마음이 부풀어 올랐고 학생들 앞에서 자신있어 했다. 지금 그것은 강력한 효과를 발휘한다. 우리 같은 교육자가 가르치는 교과에 대해 경탄을 나타내면 이 열정은 학생들에게 전염된다. 그리하여 학생들은 다음번에는 우리의 마음을 부풀게 하거나 에드거 앨런 포의 작품에서 뭔가 흥미로운 것을 찾아내고 싶어 한다. 시에 대한 수업이, 마치 쓰레기더미에서 굉장한 것을 찾는 청소부의 사냥으로 바뀌는 것이다. 여러분이 가르치는 교육내용이 마음을 부풀게 하지 않는가? 열정은 특히 여러분이 전문적인 이해 수준에 도달할 때의 뉘앙스에 더 가깝다. 그러므로 좀 더 많이 읽고 더 많이 연구하라. 학생들의 마음을 사로잡을 수 있도록 여러분 자신의 마음을 사로잡아야 한다.

문제는, 다른 사람들은 말할 것도 없고 여러분 자신의 마음조차 부풀게 하기가 쉽지 않다는 것이다. 하나의 교육체제로서 우리는 폭과 깊이의 문제를 갖고 있다. 교육부가 우리에게 요구하는 기준을 포괄할 수 있으려면 폭넓은 교육이 기대된다. 그러나 깊이가 없다면 우리는 자신의 마음을 사로잡는 근처에도 가지 못할 것이다. 그렇다면 우리는 무엇을 해야 할까? 우리는 교사이므로 폭과 깊이의 문제를 모두 해결할 수 있다고 본다.

잘 메타(Jal Mehta, 2015)는 우리가 **T자 모양의 교육과정**을 설계해야 한다고 제안하였다. 기본적으로 T자의 상단 부분은 폭을 가리키는 반면, 꼬리 부분은 깊이를 가리킨다. 폭은 우리가 종소리와 휘파람을 더하는 곳이다. 우리는 학생들을 수업에 몰두시키고 우리가 제공하는 것을 잘 받아먹도록 하기 위해 음악, 비디오 동영상 및 상호작용 활동을 사용한다. 이것은 우리가 선의의 엉터리 약장수처럼 우리의 콘텐츠를 실제로 팔 때이다. 폭은 확실히 재미있긴 하지만 마음을 사로잡지는 못할 것이다. 폭은 도시를 비행하는 것과 비슷하다. 여러분은 몇 번이나 '우와' '아' 하고 감탄할 수는 있지만, 더 알고 싶은 것을 알만큼 충분하게는 알지 못한다.

깊이는 여러분이 탑을 향해 윙윙거리며 날아오르고 싶은 높이를 말한다. 여러분은 학생들이 콘텐츠에 관한 질문을 하기 시작하도록 흥미를 불러일으킬 정도로 충분히 접근하게 된다. 흥미는 개인적인 것이기 때문에 우리는 학생들이 윙윙거리며 날고 싶은 탑의 높이를 직접 선택하도록 해야 한다. 최악의 경우는 학생들의 학습을 심화하기 위한 영역을 교사들이 선택하는 경우이다. 중요한 점은, 불꽃에 주의를 기울여 나중에 이 불꽃이 사방으로 번져 나갈 수 있도록 하는 것이다.

> 학생들이 우리가 가르치는 내용에 몰두하도록 해야 하고,
>
> 이를 위해 우리는 가르치는 내용에
>
> 적극적으로 열정을 기울여야 한다.

초등학교와 중학교에서 열정은 발견되고 시작된다. 더크워스(2016)는 아이들은 '흥미를 자극하는 경험'에 노출될 필요가 있다고 제안하였다. 여러분의 학교와 교실의 맥락에서 흥미를 자극하는 경험에 관해 생각해 보라. 학생들의 흥미를 얼마나 자주 촉진하고 있는가?

우선 학생들의 마음이 배회할 때 무슨 생각을 하고 있는가를 살펴보라. 그들은 무엇을 신경 쓰고 있으며 무엇을 찾고 있는가? 제1장에서 다룬 빌리와 같지는 않은가? 실제로 학생들에게 마음이 배회할 때가 언제이고, 우리를 떠날 때 어디로 가는지 노트에 적어보는 과제를 주어라. 그것은 약간의 진지한 **메타인지**(metacognition, 역주: 1976년 미국의 발달심리학자인 존 플라벨이 만든 용어로서, 자기 자신의 인지 처리 과정을 이해하고 인식하는 것으로 '생각에 관한 생각' 혹은 '인지에 관한 인지'를 말함. 자신이 무엇을 알고 무엇을 모르는지, 자신이 하는 행동이 어떠한 결과를 낼 것인지 아는 능력으로, 스스로의 인지 과정에 대해 한 차원 높은 시

각에서 관찰하고 발견하며 통제하는 정신작용임. 우리말로 '초인지' 혹은 '상위인지'라고 번역·사용하기도 함) 활동이고 정말로 학생들의 흥미에 대한 통찰을 가져오게 한다.

호기심 촉진하기

우리는 학생들의 **호기심**도 키워야 한다. 나의 동료 과학 교사는 학생들이 지루함을 호소할 때 그들에게 "지루한 사람은 지루해하고 있는 사람이다."라고 말하곤 했다. 대단히 옳은 말이다. 에릭 바커(Eric Barker, 2016)는 그의 블로그에서 우리 사회의 현재 상황을 다음과 같이 완벽하게 설명하였다. "우리는 자극(즉, 텍스트, 트윗 등)에 반응하는 데 너무 익숙해져서 뇌가 휴식을 취하고 있으면 무엇을 해야 할지 잘 모르는 상태가 된다. 그 휴식을 지루함과 혼동해 버리고 수동적이 되어서, 그저 다음 기술적 프롬프트만 기다릴 뿐이다."

영어담당의 언어교사로서 나는 학생들에게 과학박람회(science fair)를 위한 글쓰기를 도운 적이 있었다. 그때 학생들과 주제에 관해 대화를 나누면서 그들의 무관심 때문에 종종 당혹스러웠다. 한 학생은 나에게 어떤 브랜드의 탄산음료가 가장 오래 거품을 유지하는지 알아보는 검사를 하고 있다고 말했고, 또 다른 학생은 방수 마스카라가 비가 내리기 전에 방수할 수 있는 물의 양을 알아보기 위해 실험 중이라고 했다.

나는 이런 아이디어가 어디서 나오는지 참 궁금해서 물어봤지만 학생들은 어깨를 으쓱하며 다른 것은 생각 안 난다고 말했다. 나머지 대다수의 학생들도 무엇을 연구해야 할지 아무런 단서를 갖고 있지 못했다. '정말? 어떻게 이렇게 별 관심이 없지?'라고 생각했다. 학생들은 알아보려 하는 문제에 대해 대답할 좋은 기회가 있었지만 시간을 낭비하고 말았다. 나는 여기서 두 가지 문제가 발생하고 있다는 것을 알았다.

하나는 일반적으로 실시되고 있는 과학박람회가 재미없다는 것이다. 우리는 열정과 흥미의 중심에 있는 것을 취하고 그것에서 모든 기쁨을 가르친다. 학생들의 결과물을 보여 줄 삼중 포스터 보드를 만들 필요가 없는 과학박람회는 어떠한가? 사실 이러한 전시물의 제작은 이해를 깊게 하기 위한 것이 아니며, 지나치게 부모의 손을 거쳐 만들어진 경우가 흔하기 때문이다. 학생들에게는 조사하고 실험한 결과를 글로 써보는 것이 중요하며 그렇게 할 시간과 장소가 있다. 흥미와 관계없이 언제나 우리가 해야 하는 일이 있을 것이다. 그러나 그 일은 뭔가 중요한 가치를 가져다주는 것이어야 한다. 이런 경우에 학생들은 보고서 작성이 자신이 매우 알고 싶었던 연구결과를 여러 사람들과 공유하기 위한 수단이라는 것을 알게 되면 자신의 연구결과를 글로 쓰게 될 것이다. 그러나 이러한 보고서 작성을 강요하여 몰아붙이면 오히려 학생들이 연구결과를 글로 쓰는 것을 싫어하게 되기 때문에 유의해야 한다.

흥미 키우기는 홀로 행해질 수 있는 것이 아니다.
아이디어에 대한 노출은 새로운 아이디어를 낳는다.

사람들에게 궁금증을 남기며 마무리하는 하나의 문장으로 표현해서 그것을 전시하는 과학박람회는 어떨까? 예를 들면, "메이블린(Maybelline)은 상처 입은 소녀가 화장과 소년들을 영원히 맹세하게 한다."처럼 말이다. 여러분이 궁금해서 다가서면 학생은 방수 마스카라의 시험절차와 그 결과를 자세히 설명한다. 학생은 어색하게 서 있지도 않고, 여러분은 학생의 어머니가 만든 어떤 이상한 형태의 전시물을 쳐다보고 있지 않아도 된다. 요점은 여러분이 학생에게 호기심을 갖게 만들었고 과학적 절차를 따르도록 했다는 것이다. 결과물이 아닌 실험 자체에 가치를 두고 있는 것이다. 그리고 일단 학생이 좀 더 많은 질문에 대한 대답을 하고 싶어 하면 여러분은 부가적으로 필요한 요소를 보탤 수 있다.

이것은 다른 목적에도 기여한다. 호기심 키우기는 홀로 행해질 수 있는 것이 아니다. 아이디어에 대한 노출은 새로운 아이디어를 낳는다. 여러분이 이 책을 읽고 있는 이유도 바로 그 때문이다. 알다시피 내가 모든 대답을 갖고 있지는 못하지만, 여러분과 여러분의 학생들에게 도움이 될 아이디어를 가질 수 있도록 계기는 마련해 줄 수 있다. 따라서 학생들이 실험의 세부 사항을 간청하는 상황을 만듦으로써 새로운 아이디어가 번성할 수 있도록 그들의 뇌에 작은 틈새를 열어주게 된다. 학생들에게 그들이 가장 궁금해하는 질문에 대한 대답을 하도록 이끄는 진술문과 가장 흥미로운 연구결과를 기준으로 실험을 평가하도록 요구함으로써 이러한 '간청'을 촉진해야 할 것이다.

　그것은 나를 일반적인 과학박람회의 두 번째 문제점으로 이끈다. 학생들은 우리가 그들의 호기심을 키워주지 못했기 때문에 무엇을 연구해야 할지 잘 모른다. 우리는 항상 수업계획, 백업계획, 그리고 만약을 대비하여 맨 아래 서랍 속에 넣어둔 활동들을 가지고 나타난다. 우리는 잘 준비되어 있어야 한다는 가르침을 받아 왔고, 그것은 대단히 좋은 것이다. 내 말은 우리가 커버할 기준이 있다는 것이다. 그러나 통계와 확률에 관한 수학 수업 중에, 학생들이 배웠던 개념을 적용할 수 있음을 어떤 방법으로 보여 주고 싶어 하는지를 알게 하면 어떨까? 아마도 학생들은 몇 가지 단어 문제를 만들고 완성하는 것을 선택할 것이다. 아마도 테오는 로스앤젤레스 레이커스 농구팀이 우승할 확률에 정말로 관심이 있기 때문에, 그것을 알아내서 반 전체 학생들에게 발표해야 할 것이다. 혹은 여러분이 발표시킬 시간적 여유가 없을 경우 소집단에게 발표할 수 있으며, 이를 통해 테오 자신의 수학을 체크할 수 있다.

만약 매주 화요일의 수학 수업을, 학생들이 상상할 수 있는 많은 궁금한 진술들을 5분간 써 보게 하는 것으로 시작하면 어떨까? 처음엔 쉽지 않을 것이다. 그러나 브레인스토밍처럼 자꾸 하다 보면 쉬워진다. 학생들은 처음에는 "내 부모님은 왜 그렇게 엄격하신지 궁금하다." 혹은 "킴벌리가 나를 어떻게 좋아하게 만들 수 있을지 궁금하다."처럼 시작할지도 모른다. 그러나 일단 학생들이 이것은 기대되는 것이며 수학 수업에서 규칙적으로 행해지는 것이라는 점을 알게 되면 그들은 온종일 궁금해하는 것을 마구 브레인스토밍할 것이며 이를 교사와 함께 나누기 위해 차곡차곡 모아 둘 것이다. 사소한 진술문들이 "나는 '닥터 K' 탄산음료가 '닥터 페퍼'보다 왜 더 빨리 거품이 사라지는지 궁금하다." 혹은 "나는 재활용이 환경에 얼마나 큰 차이를 만들어 낼지 궁금하다."와 같은 진술문으로 발전한다. 이 진술문이 별로 중요한 것이 아니라고 할 수도 있겠지만, 보다 과학적인 연구로 이끌 것임에는 틀림없다. 여러분은 학생들의 호기심을 의도적으로 키우고 있으며, 이는 학교에서 중점을 두는 일부 다른 것들보다 더 중요할 수 있다.

흥미 키우기 활동을 활용하기

여러분은 VH1에서 팝업 비디오(Pop Up Video)를 본 적이 있는가? 90년대에 그걸 놓쳤다면 가서 확인해 보라. 나는 음악을 좋아해서 이러한 음악 쇼에 매료됐었다. 뮤직비디오가 나오는 동안 10초마다 창이 열리면서 아티스트, 비디오 제품, 노래 등에 대한 정보가 나오는데, 그것은 마치 내가 사랑했던 음악과 아티스트를 좀 더 개인적인 방식으로 알게 되는 것과 같았다. "너 알고 있니?"라는 제목의 뮤지컬 버전이었다.

여러분이 매주 수업 시간에 이와 같은 "너 알고 있니?" 시간을 가지면 어떨까? 그러면 여러분이 관심을 갖고 있는 주제를 학생들에게 소개하고, 그것에 관한 몇 가지 재미있는 사실을 그들과 공유할 것이다. 주제는 여러분의 교과내용과 관련이 있을 수도 있고 없을 수도 있다. 여러분은 학생들이 그들의 재미있는 사실들을 공유하고 싶어 할 때까지 몇 차례 본보기를 보여 준다. 예를 들어, "뉴저지에 '폴리'라 불리는 불안장애를 갖고 있는 염소가 있다는 것을 알고 있니? 폴리는 불안감에 정신없이 뛰어다녔어. 그렇게 믿을 수 없는 이야기는 아니야. 하지만 폴리를 차분하게 만든 게 뭔지 아니? 옷을 입히는 거야. 폴리에게 오리 옷을 입히자 즉시 긴장을 풀었어(Lowin, 2016). 진짜, 가서 한번 봐봐."

덧붙여 말하자면, 특별한 필요와 요구를 가진 염소들은 충분히 있다. 린 라우리첼라(Leanne Lauricella)라는 사람은 염소를 간호하고 사랑하기 위해 염소 구조 농장을 시작했다. 여러분은 이 시점에서 다음과 같은 몇 가지 질문이 있을 것이다. 특별한 필요와 요구를 가진 염소란 어떤 유형인가? 염소 구조 농장은 흔한가? 염소들이 회복 훈련을 마치면 어떤 변화가 있는가? 린 라우리첼라가 염소 구조 활동을 시작한 이유는? 이런 활동은 학생들을 수많은 차원의 아이디어를 연결하는 토끼굴(rabbit hole)로 들어가게 이끌고, 학생들은 다른 사람들과 공유하기 위해 매혹적인 것을 찾는 탐구의 기회가 될 것이다.

초등학교 저학년 학생들이 운동장에서 노는 것을 유심히 살펴보면, 그들의 조그마한 머리가 흥미롭고 때로는 쓸모없는 정보로 가득 차 있다는 것을 알 것이다. 우리는 저학년 학생들의 이러한 면을 귀엽고 멋지다고 생각하지만, 이들이 점차 나이가 들어가면 이를 달갑게 여기지 않고 칭찬하지 않는다. 그러다 보니 점차 많은 학생이 발견의 과정에 몰두하지 않게 된다. 하지만 새로운 정보에 대한 매혹을 촉진하고 본보기를 보여 주면, 학생들은 흥미를 가진 것에 좀 더 깊게 관여할 수 있고, 주제에 대한 이해를 심화하고 또래 학생들의 흥미를 촉발하게 될 것이다.

구글에서 시작하였고, 핑크(Pink, 2011)의 저서 《동인(Drive)》에서 추진력을 얻은 생산성 이론인 **지니어스 아워**(Genius Hour)는 학생들의 흥미 키우기 활동에 구조를 제공해 주는 또 다른 방법이다. 이 방법은 업무의 20%를 혼자서 새로운 것을 생각할 수 있는 시간으로 확보해 주어, 내성적인 직원들의 생산성을 높이는 데 큰 기여를 했다. 이는 본질적으로 새로 탄생한 독립적 연구의 버전으로, 개개 교실에나 학교 전체적으로 쉽게 이행될 수 있다(Kesler, n.d.). 그것은 연구를 요하는 학생에 의해 이끌어진 질문으로 시작하여 그 연구결과를 함께 공유하는 것으로 끝난다. 이상적으로 '함께 나누기'는 진정한 청중과 함께하지만 학급과 공유하더라도 프로젝트에 진정성을 부여하며, 청중의 흥미를 촉발시키는 잠재적 힘이 있다. 교육에 있어서 지니어스 아워는 학생들에게 그들 자신의 열정을 탐색하게 하고 교실에서 창의성을 격려하기 위한 것으로, 학교에서 일정 기간 동안 무엇을 학습할 것인지 그들에게 선택의 기회를 제공한다.

맥네어(McNair, 2017)는 그녀의 저서 《지니어스 아워: 혁신과 학생의 탐구를 불타오르게 하는 열정 프로젝트(Genius Hour: Passion Projects That Ignite Innovation and Student Inquiry)》에서 여러분의 학생들과 함께 시작하기 위해 쉽게 이행할 수 있는 과정을 간추려 서술하였다. 지니어스 아워의 핵심 요소는 학생들과 함께 시작된다는 것이다. 그리고 실제로 열정은 매우 개인적인 것으로 학생들이 그러한 힘을 가지고 있음을 의미한다. [그림 4]는 맥네어의 '지니어스 아워를 위한 6P – 열정, 계획, 피치, 프로젝트, 결과물, 발표 – '의 개요를 설명한 것이다. 이는 학생들에게 자신의 열정 프로젝트를 개발하는 과정을 안내하기 위한 틀을 제공한다.

지니어스 아워의 6P

1. 열정(Passion): 여러분은 무엇에 관해 배우고 싶은가? 무엇에 흥미가 있다고 생각하는가? 흥분하게 만드는 것이 무엇인가?

2. 계획(Plan): 여러분의 외부 전문가는 누구인가? 프로젝트를 완수하기 위해 필요한 자료가 무엇인가? 목표에 도달하기 위해 매일 무엇을 해야만 하는가?

3. 피치(Pitch): 여러분의 아이디어를 반 친구들과 어떻게 공유할 것인가? 어떻게 우리를 참여시킬 것인가?

4. 프로젝트(Project): 여러분의 프로젝트를 진행하기 위해 오늘 무엇을 해야 하는가? 무엇을 창조하고 만들고 설계해야 하는가?

5. 결과물(Product): 여러분은 무엇을 만들었는가? 학습했다는 것을 증명하기 위해 무엇을 보여 줄 수 있는가?

6. 발표(Presentation): 여러분은 학습한 것을 공유하기 위해 어떻게 할 생각인가? 여러분의 아이디어나 프로젝트를 다른 사람들과 공유할 수 있는가? 발표할 때 청중이 몰두하도록 하기 위해 어떤 도구를 사용할 것인가?

[그림 4] 지니어스 아워의 6P

출처: McNair, A. (2017). *Genius Hour: Passion projects that ignite innovation and student inquiry* (p. 16). Waco, TX: Prufrock Press.

영재의 대부 조셉 렌줄리(Joseph S. Renzulli) 박사를 기억하는가? 렌줄리와 그의 동료인 샐리 레이스(Sally Reis)는 2014년 **학교전체 심화학습모델**(Schoolwide Enrichment Model: SEM)을 개발하였다. 이 모델은 학교를 개선하기 위해 영재의 교수방법과 교육과정 운영방법을 적용한다는 하나의 큰 목표를 가진 프로그램이다. 누가 그걸 원하는가? 궁극적으로 SEM의 보다 작은 목표들은 학생들의 흥미에 기초하여 풍부하고 도전적인 경험을 제공함으로써 그들의 재능을 계발하기 위한 것이다. 즉, SEM은 학생들의 흥미에 기초하여 그들의 영재 행동을 계발하는 데 초점을 두고 있다. 이것은 그릿을 키우기 위한 첫 단계와 매우 비슷하다.

렌줄리의 **3단계 심화학습모델**(Enrichment Triad Model)과 SEM은 학생들의 흥미를 유발하고 발전시키기 위한 방법에 있어서 상호 보완을 한다. 1단계 심화학습은 일반적인 탐색활동으로, 보다 구조화되어 있고 종종 교사나 학교가 조직한 것에서 비롯된다. 2단계 심화학습은 소집단 단위의 학습활동으로, 학생들이 종종 소집단으로 편성되어 어떤 주제에 대한 그들의 흥미를 탐색하고 깊게 하기 위한 심화활동에 참여한다는 점에서 SEM에 속한다. 3단계 심화학습은 개인 또는 소집단 단위의 문제해결 및 연구활동으로, 이 또한 SEM에 부합되지만 소집단이 보다 적은 수의 학생으로 구성된다. 여기서는 학생들의 흥미가 종종 개별화되어 독립적으로 학습하는 경우가 많다.

SEM을 학교에 도입하여 실행한다는 것은 부담이 될 수 있지만 렌줄리와 레이스는 그들의 저서 《학교전체 심화학습모델: 재능계발을 위한 안내 입문서(The Schoolwide Enrichment model: A How-to Guide for Talent Development, 3rd ed.)》에서 교사와 행정가를 위한 자료가 가득한 웹사이트(http://gifted.uconn.edu/schoolwide-enrichment-model/sem3rd)를 개발하였다. 그들은 여러분이 실행을 위해 필요한 모든 것뿐만 아니라 학교에 적합한 SEM을 개발하기 위한 직선 모양의 계획을 제시하고 있다. 연구자가 20년 이상의 연구를 통해 지지를 받는 모델을 개발하여 실행에 옮길 수 있는 실제적인 단계를 제시하기란 정말 흔한 일이 아니다. 렌줄리가 영재의 대부라 불리는 까닭이 바로 이 때문이다.

연습 격려하기

흥미를 열정으로 바꾸기 위해서는 그러한 흥미를 유발하는 활동들이 반복해서 나타나야 한다. 여러분이 사랑에 빠진 때가 언제였는지 그날을 기억해 보라. 사랑에 빠졌던 것이 연인이었든 취미였든, 혹은 팟타이(pad Thai, 역주: 태국 쌀국수 볶

음요리)였든 간에 들뜬 기분은 비슷했을 것이다. **연습**의 기술은 여러분이 이 즐거움을 계속해서 느낄 수 있도록 기회를 제공한다.

게다가 그릿이 강한 사람들은 성취한 것에 결코 만족하지 않는다. 그들은 매일 탁월함을 더욱 증진하기 위해 일한다. 그리고 자신의 약점에 대해 편안해하고, 자신의 목표를 달성하기 위해 이러한 약점을 공격해야 한다는 것도 이해하고 있다 (Duckworth, 2016). 연습을 통해 흥미를 다시 유발시키는 것 외에도 자신의 목표에 도달하기 위해 개선하는 것에 중점을 두어야 한다.

연습의 기술은 여러분이 이 즐거움을 계속해서 느낄 수 있도록 기회를 제공하는 것이다.

안데르스 에릭슨(Anders Ericsson)은 '1만 시간의 법칙' 이론의 창시자이자 세계적으로 명망이 높은 심리학자이다. 탁월한 수행을 보이는 사람들에 대한 그의 연구는 최정상급 수행을 보이는 사람들이 보통 수준 및 우수 수준의 수행을 보이는 사람들보다 더 많이 연습했다는 것을 밝혀냈다(Lebowitz, 2016b

재인용). 그러나 그는 1만 시간의 연습만으로 충분하지 않고 전문가들처럼 연습을 해야 한다고 강조한다. 즉, 연습은 목적적이고 의식적인 것이어야 하고, 약점에 중점을 둔 것이어야 하며, 매우 재미없는 것이어야 한다(Lebowitz, 2016b 재인용)는 것이다. 이것은 여러분을 놀라게 하지 않을 것이다. 누군가 여러분에게 당신이 충분히 일을 하지 않았다고 말하는 것을 마지막으로 재미있게 들었던 적이 언제인가? 우리 대부분은 일이 즐겁지 않으면 오랫동안 일하는 것을 상상할 수 없다. 그것이 바로 정상급과 최정상급 간의 차이이며, 그릿이 강한 사람과 보통인 사람의 차이다.

이러한 종류의 연습은 혹독하고 심신의 피로도가 심하다. 그래서 여러분의 흥미를 키우는 일은 재미가 있지만, 연습을 하는 것은 목표에 대한 전념(투신)을 요구한다. 또한 연습을 하는 데는 많은 시간이 걸린다. 그래서 우리가 학교에서 이러한 종류의 연습을 촉진하고자 한다면 흥미를 유발하는 활동을 수직으로 정렬해야 한다. 이는 우리가 진진하게 교육과정 기준을 설정하고 표준화검사를 선택하는 것과 마찬가지로 흥미 유발 활동을 진진하게 마련해야 한다. 여러분이 매년 변화시키고자 하는 것에 익숙해지기란 정말 어렵다. 여러분은 바쁘거나 아니면 게을러서 탐구해야 할 주제를 새로운 것으로 선택하지 않고 매년 같은 주제를 선택하는 경향이 있다. 어떤 경우이든 흥미 발달의 다음 단계로 결코 나아가지 못한다.

그러면 어떻게 해야 하는가? 첫째, 가르치는 내용 영역에서 흥미로운 것을 발견하게 될 것이라는 기대를 가져야 한다. 그 기대를 **자기충족적 예언**(self-fulfilling prophecy, 역주: 누군가에게 긍정적인 기대를 받거나 잘될 것이라는 예언을 듣게 되었을 때 그 영향을 받아 결국에는 그 기대와 예언을 스스로 성취하는 현상)처럼 생각하라. 아니면 우리가 그 기대를 형성해야 하는 경우엔 그것은 교육적 신념이 될 것이다. 둘째, 우리는 학생들이 그들의 사전 흥미를 구축하는 것에 책임을 갖도록 해야 한다. 오늘날은 테크놀로지의 발달로 학생들이 매년 가지고 다닐 수 있는 디지털 포트폴리오를 만들기가 과거보다 훨씬 쉬워졌다.

예를 들어, 미식축구와 오클랜드 레이더스 팀을 좋아하는 초등학교 3학년 브로디에 대해 얘기해 보자. 브로디는 독립적 연구 프로젝트를 위해 선수들과 프랜차이즈에 관해 더 학습하기로 했다. 그는 학습한 것을 학급 친구들에게 소개하기 위한 산출물을 만들었다. 4학년 때 그의 흥미는 비슷했지만 언제나 오클랜드 레이더스 팀의 최고 선수로 꼽히는 보 잭슨(Bo Jackson, 역주: 메이저리그와 프로미식축구 두 종목에서 올스타로 선정되었던 최고의 운동신경을 가진 스포츠 선수)에 대해 연구하고 싶어 했다. 브로디의 담임교사는 수직으로 간소화된 흥미 유발 활동의 힘을 믿었기 때문에 브로디에게 그의 흥미들이 서로 어떤 관계가 있는가를 나타내는 맵(map)을 작성하라고 요구하였다.

우리가 진심으로 교육과정 기준을 설정하고 표준화검사를 선택하는 것과 마찬가지로 흥미 유발 활동도 진심으로 마련해야 한다.

5학년 때 브로디는 보 잭슨처럼 두 종목의 프로 스포츠를 하기에 충분한 기능을 가진 다른 운동선수들을 연구하는 쪽으로 옮겨갔다. 6학년 때는 잭슨의 탬파베이 버커니어스 구단과의 경험에 흥미를 가진 후에 미국대학스포츠협회(NCAA) 규정을 연구하였다. 다음 해에 브로디는 스포츠가 어떻게 돈을 버는 사업으로 진화하는가에 대한 것을 필두로 스포츠 마케팅에 대한 흥미가 생겼으며, 그다음엔 미디어가 프로 운동선수에 대한 우리의 지각을 어떻게 형성하는가에 대한 것 등으로 확장하였다. 해마다 브로디의 담임교사는 브로디의 새로운 주제를 그의 **흥미 맵**([그림 5] 참조)에 추가하도록 하였다. 때때로 브로디의 흥미는 전년도의 흥미에 접해 있었기도 하였고, 다른 해에는 연결성이 더 멀기도 했지만, 어느 쪽이든 브로디 자신의 선택을 분명히 표현할 수 있어야 했다.

브로디의 흥미 맵

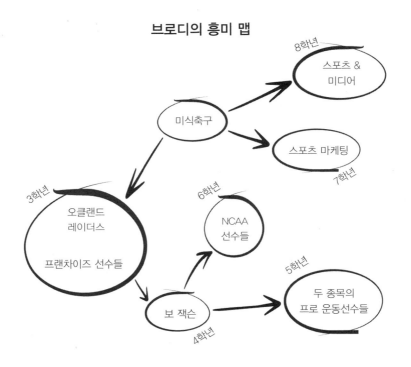

[그림 5] 학생 흥미 맵의 예

만일 브로디가 5학년 때 보여 준 흥미로 1년 더 미식축구
나 스포츠와 관련하여 공부할 생각을 하지 못했다면 어떻게
해야 할까? 괜찮다. 그는 새로운 흥미 맵을 요구했을 것이고,
그의 이러한 흥미 이동이 흥미 발달에 왜 필요한가를 설명할
수 있었을 것이다. 6학년에 올라가서 새로운 주제를 요구했을
때 담임교사는 브로디의 이전 연구들에 대한 보다 자세한 이

해를 위해서 그의 흥미 맵을 미리 검토할 수 있었을 것이다. 이것은 브로디와 담임교사 모두에게 그들이 올해 무엇을 할 것인지 결정할 때 도움이 되는 정보가 되었을 것이다.

앞에서도 언급했듯이 이러한 과정은 오늘날 테크놀로지의 발달로 훨씬 더 쉬워졌다. 시스템과 무관하게 중요한 것은 이러한 수직 정렬이 우리 학생들의 흥미를 키우는 데 큰 영향을 미친다는 점이다. 과제를 중시하는 산업계의 리더들은 종업원들의 흥미를 키우는 데 시간을 많이 할애한다. 이것이 의미하는 바는 우리가 궁극적으로 목표로 삼는 학생들의 호기심과 흥미를 키우는 것을 지원하는 시스템을 만들어야 한다는 것이다.

목표 설정

연습은 더크워스(2016)가 **도전적 목표**(stretch goal, 역주: 'stretch'라는 단어가 의미하듯이 온 힘을 다해 손을 뻗어 겨우 잡을 수 있을 정도의 목표, 즉 쉽지는 않지만 한번 도전해 볼 만하고 기존의 사고방식이 아닌 조금이라도 창의적이고 혁신적인 발상을 통해 달성할 수 있는 수준의 목표)라 불렀던 것과 연결되어야 한다. ([그림 1]을 기억하는가? 26쪽으로 되돌아가 살펴보라). 도전적 목표는 우리가 학생들과 함께 목표를 설정할 때 대체로 피하는, 천장을 파괴하고, 문을 열며, 미친 짓과 같은 종류의 것이다. 교사로서 우리는 실제적이고 성취 가능한 것에 중점을 두고 싶어 한다.

목표는 시의적절하고 구체적이어야 하며, 그래야 어떤 학생이 학기말 혹은 학년말에 목표를 충족했는가의 여부를 결정할 수 있다. 그런데 만약 우리가 거대한 꿈을 갖고 있고 그 꿈을 추구할 시간을 갖고 있다면? 예전에 나는 미국의 첫 번째 여성 대통령이 되고 싶었던 적이 있었다. 분명히 나는 정치에 흥미가 있었지만(그리고 대통령의 월급이 놀라울 정도로 많을 것이라고 생각했지만), 또 어떤 면에서는 여권신장운동(feminism)에 사로잡혀 있었다. 만약 내가 이 말을 나의 도전적 목표에 도달하기 위해 무엇을 해야 하는지 알려줄 수 있는 누군가에게 들려주었다면? 여러분은 미국 대통령이 쓴 이 책을 읽고 싶은가? 아닐 것이다. 그러나 나는 확실히 정치에 대해, 세계 지도자가 되기 위한 방법에 대해, 수잔 브라우넬 앤서니(Susan B. Anthony, 역주: 19세기 미국의 중요한 여성인권운동 지도자이자 여성 참정권운동을 시작한 선구자였으며, 미국여성참정권협회를 설립하고 회장을 역임하였음. 여성의 선거권 획득은 그녀가 사망하고 14년이 지난 뒤에야 달성됨)를 비롯한 많은 여성인권운동가들에 대해 좀 더 배웠을 것이다. 그래서, 우리는 미쳐야 한다!

도전적 목표를 분명히 한 후에 우리는 학생들을 머리부터 먼저 다이빙하도록 해야 한다. 그들은 자신의 흥미가 완전히 자극될 때까지 훈련에 몰두해야 하며, 우리는 천천히 이 다이빙을 목적 있는 연습으로 만들어 가야 한다. 우리는 학생들에게 많은 노력을 해야 하고, 그들의 학습에 책임을 갖도록 하며, 그들의 흥미의 핵심에 진정으로 도달하고, 그들에게 매우 구체적이고 즉각적인 피드백을 제공하며, 그들이 답할 수 없는 질문을 던져야 한다.

목적 파악하기

지속력은 그릿의 통합적인 한 부분이기 때문에 **목적**(purpose)을 파악하는 것은 집중력을 유지하는 데 필수적이다. 이러한 목적은 역경을 인내하게 만들고 포기하고 싶을 때 계속 집중을 유지하게 한다. 목적은 매우 구체적일 수도 있고(예: 그릿에 관한 모든 것을 배우기 위해), 보다 광범위할 수도 있다(예: 내 분야에서 연구에 이바지하기 위해). 목적은 학교 밖의 많은 요인에서 생기지만, 대체로 열정과 밀접한 관계가 있다. 또한 목적은 미움이나 분노에 의해 생길 수도 있으며 반드시 이타적이어야 할 필요는 없다. 역사상의 많은 악당도 확실한 목적을 가진 그릿이 강한 경우가 있었다. 그러나 그들은 여기서 우리의 관심사가 아니다.

목적은 파악하기가 쉽지 않으며 여러분에게만 오는 것이 아니다. 목적은 실제로 우리의 뇌가 외부의 실체들을 결합시키면서 모든 연습을 더 큰 무언가로 처리할 때 느끼는 것과 같은 그런 느낌을 갖게 할 수 있다. 이때가 여러분이 '아하' 하고 탄성을 내뱉는 순간이다.

사실 우리가 학생들에게 요구하는 것 중 일부는 보다 큰 목적을 갖고 있지 않다. 구구단을 외우면 수학에 있어서 우리의 삶이 더 편해질 수는 있겠지만, 우리를 좀 더 사회의 훌륭한 구성원으로 만들어 주지는 못할 것이다. 그러나 이것은 어떻게 배우고 미래에 무언가를 암기하는 데 어떤 연습이 필요한지를 이해하는 데 도움이 된다. 이와 같은 자기인식은 매우 중요하고 오직 경험과 성찰에서 연유하는 것이다. 우리가 학생들에게 그들의 목적을 찾도록 도와주는 것이 중요하다고 믿는다면, 우리는 이러한 결합을 만들게 하는 경험을 제공하고 요구해야 한다.

목적은 파악하기가 쉽지 않으며
여러분에게만 오는 것이 아니다.

우리가 학생들의 흥미를 열정으로 발전시키도록 도와야 하는 것처럼, 그들의 흥미를 목적을 파악하는 쪽으로 확장하

도록 도와야 한다. 학생들이 자신이 누구이고 자신에게 중요한 것이 무엇인지 **정체성**을 확립할 때, 그들은 스스로가 왜 여기에 있고 무엇을 하며 살 것인가에 대한 신념을 형성하고 있는 것이다. 누군가가 내게 왜 대통령이 되고 싶은지 그 이유를 물어보았다면, 내 대답은 월급이 꽤 많기 때문이라고 대답했을 것이다. 그러나 그 뒤에 나는 대통령의 책무를 다하는 것을 즐기고 내가 무척 내성적이긴 하지만 리더십을 발휘하려고 노력하고 있다는 것을 인식하게 되었을 것이다.

이러한 보다 깊은 이해의 수준은 그냥 생기는 것이 아니다. 교사로서 우리는 학생들이 더 깊이 파고들도록 도와야 하며, 그들의 흥미의 배후에 있는 '이유'를 분명히 할 수 있는 정서적 수준에 도달하도록 도와야 한다. 일단 그곳에 도달하면 여러분이 가장 재밌는 수업으로 학생들을 유혹할 때조차도 그들은 떠나고 싶어하지 않을 것이다.

이를 위해서 우리는 어떻게 해야 할까? 일단 학생들에게 왜 그 주제를 선택하는지 물어봄으로써 대화를 시작한다. 그런 다음 우리가 만났던 대부분의 호기심 많은 아기처럼, 학생이 연구의 확인 단계에서 목적 단계로 넘어갔다고 느낄 때까지 각 반응에 대해 '왜?'(혹은 좀 더 인지적으로 자극할 수 있는 질문)라고 물어본다. 우리는 이것을 각 학생들과 1 대 1로 행할 수도 있고, 혹은 학생들에게 둘씩 짝짓거나 소집단을 만들어

처리해 나가도록 할 수도 있다. 하지만 각 학생의 궁극적 이유/목적을 아는 것이 중요하다. 이는 우리가 학생들을 지지하도록 도와줄 뿐만 아니라 그들과 더욱 강한 결속관계를 구축하게 할 것이다.

어떤 목적을 찾는 것은 아동(혹은 성인)의 발달에 기초한 철학적 탐구임에 틀림없다. 그것은 또한 매우 개인적인 것이며 그 자체가 인간 경험의 일부를 형성한다. 이러한 그릿의 요소를 키우는 데 있어서 우리가 하는 역할은 세 살짜리 아이가 삶을 경험하는 방식과 유사한 것이어야 한다. 일단 학생들이 그들의 흥미를 형성했으면, 우리는 계속해서 그들이 선택한 것을 숙고해 보도록 요구해야 한다. 시간이 지남에 따라 학생들의 대답은 그들의 성숙, 성장 정도와 함께 변할 것이지만, 우리의 질문은 동일하게 '왜?'라는 것으로 계속 남아 있어야 한다.

희망 키우기

희망은 날개가 달린 것이다.

- 에밀리 디킨슨(Emily Dickinson)

희망(hope)은 흥미, 연습, 목적 위에 놓여 있기 때문에 그릿의 가장 중요한 요소이다. 역경에도 불구하고 수월성을 추구하기 위해서 우리는 이러한 역경이 사그라지고 결과적으로 이겨낼 것이라는 믿음을 가져야 한다.

그릿의 맥락에서 희망은 운이 따르는 희망과는 다르다. 예를 들면, 16세 아이가 "부모님이 나에게 새 게임기를 사주시길 바란다."는 것은 운이 따르는 희망이고, "나는 화학시험 공부가 잘 풀리길 바란다."는 것은 그릿의 맥락에서 희망이다. 전자는 막연한 바람이고, 후자는 연습의 산물이다.

더크워스(2016)는 희망은 강력한 힘(power)의 기분을 동반한다고 하였다. 여러분이 성공의 통제권을 갖고 있고 어디로 향하는지를 알고 느낀다면, 그 일이 헛소리처럼 느껴지기보다는 희망에 차 있을 때가 더 많을 것이다. 희망에 찬 사람들은 낙관주의적이다. 그들은 실패하고 있거나 잘하지 못하고 있다는 것을 알면, 자신의 약점을 바라보고 이를 개선하기 위한 계획을 세운다. 교사로서 여러분은 희망이란 무엇인지 이미 알고 있으며, 여러분을 아침잠에서 깨우는 유일한 것은 희망을 가지기 때문일 것이다. 우리 모두는 자신과 학생들이 어제보다 더 나아질 수 있다는 믿음을 갖고 있다.

이 시점에서, 캐롤 드웩(Carol Dweck)의 연구와 매리 케이 리치(Mary Cay Ricci)의 저서 《교실에서의 마인드셋(Mindsets in the Classroom)》을 잘 알고 있다면 지금 **'마인드셋'**을 떠올릴 것이다. 희망은 마인드셋과 관련이 많아서 이 책의 제4장에서는 그릿과 드웩의 이론이 상호 어떻게 보완되는가를 탐색할 것이다.

마이어와 셀리그만(Maier & Seligman, 1976)은 대학원생들과 함께 흥미로운 실험을 하였다(비록 그 실험이 쥐를 대상으로 했기 때문에 마음 약한 나를 슬프게 했지만…). 한 그룹의 쥐들은 전기충격을 받았고 과제를 완수하면 전기충격을 멈추게 할 수 있었다. 다른 그룹의 쥐들도 전기충격을 받았지만 전기충격을 멈추게 할 수 없었다. 처음엔 생후 5주 된 쥐들을 대상으로 실험이 실시되었고, 그 쥐들이 다 자랐을 때 다시 실험이 실시되었다. 결과는 흥미로웠다. 전기충격을 통제하지 못한 쥐들은 겁이 많은 쥐로 성장하였고, 비록 성인 쥐가 되었을 때 전기충격을 멈추게 할 수 있었지만 두려워하는 행동을 보였다. 반면, 전기충격을 통제한 쥐들은 좀 더 회복탄력적인 쥐로 성장하였고, 비록 성인 쥐가 되었을 때 더 이상 전기충격을 통제하지 못하더라도 원기왕성하고 용감한 행동을 보였다. 이제 쥐들을 '학생들'로, 전기충격을 학생들의 '학교에서의 실패'에 대해 교사들이 영향력을 행사하는 어떤 충격으로 대체해 보자. 만약 학생들이 어린 시절에 무력감을 가진다면, 이러한 무력감은 성인이 되었을 때 **학습된 무력감**(learned helplessness, 역주: 1960년대 마틴 셀리그먼이 실험을 통해 명명한 용어로, 스스로 통제할 수 없는 외상적 경험을 겪게 되면 그 후에 같은 경험에 대처하려는 동기가 감소하여 자극을 회피하는 방법이 있더라도 그것을 학습하는 데에 어려움을 겪는 현상)으로 자라게 된다.

학생들에게 아직 어려움을 겪도록 허용하기

중요한 것은 여러분이 학생의 삶을 통제할 수 없다는 것을 인정하는 것이다. 그러고 나서 학생들에게 투쟁 속에서 목표를 달성할 수 있는 경험을 창조하는 것이다. 그것이 바로 우리가 우리 자신을 신뢰하는 것을 키우는 방법이다. 그것이 우리가 희망을 '운이 따르는 것'에서 '노력으로 갖게 되는 것'으로 바꿀 수 있는 방법이다. 이러한 종류의 힘이 행동 변화에 큰 도움이 된다. 이러한 경험을 창조하기란 절대적으로 쉽지가 않다. 우리들은 많은 다른 과제의 균형을 맞추면서 학생들의 강점과 약점을 알아야 한다. 또한 어떻게 열심히 밀고 나가야 하고, 언제 물러서야 하며, 학생의 능력에 따라 기대치를 어떻게 차별화해야 하는지를 알아야 한다.

중요한 것은 여러분이 학생의 삶을 통제할 수 없다는 것을 인정하는 것이다. 그러고 나서 학생들에게 투쟁 속에서 목표를 달성할 수 있는 경험을 창조하는 것이다.

이것은 참 쉽지 않다. 그렇지 않은가? 운 좋게도 여러분은 교사이고, 이는 또한 여러분이 부러울 정도의 직관을 가진 면허만 없는 심리학자임을 의미하는 것이다. 여러분은 빌리가 언제 공부할 준비를 하고 수업에 들어오며, 아멘다가 언제 공부할 준비를 하지 않고 수업에 들어오는지 알고 있을 것이다. 그리고 알지 못할 때는 그들과 이미 '교사-학생'이라는 신뢰 관계를 구축했기 때문에 물어보면 된다. 알고 있겠지만 학생들의 그릿을 키우기 위해 요구되는 활동들은 어렵다. 학생들은 (1) 교사가 무엇을 하는지 알고 있고, (2) 교사가 학생들을 아끼고 있다는 것을 아는 한 함께 할 것이다. 여러분이 그릿을 가질 수 있거나 발전시킬 수 있다는 것은 좋은 소식이다. 결국 여러분이 이 책을 읽고 있는 것도 바로 그 때문이다. 그리고 여러분이 그릿을 갖고 있지 않았다면 교사가 되지도 못했을 것이다.

학생들을 균등하게 가르친다는 것은 무엇일까? 나는 초임 교사 시절 **차별화 수업**(differentiated instruction, 역주: 국내에서 학자에 따라 개별화 수업, 수준별 수업 혹은 맞춤형 수업으로 번역 사용되기도 함)에 완전히 빠져 있었다. 그때 나는 캐롤 앤 톰린슨(Carol Ann Tomlinson, 2014)의 저서 《차별화된 교실: 모든 학습자의 요구에 부응하기(The Differentiated Classroom: Responding the Needs of All Learners)》를 끼고 살았으며, 학생들에게 과제를 낼 때도 그들의 필요와 요구에 맞도록 수정하여 제시하였다. 내가 사용한 한 가지 차별화 수업의 방법은 내용을 제각각 수정하는 것이었다. 예를 들어, 한 학생에게는 엘리 위젤(Elie Wiesel, 2006)의 《나이트(Night)》를 읽게 하고, 다른 학생에게는 로이스 로우리(Lois Lowry, 2011)의 《별을 헤아리며(Number the Stars)》를 읽게 하는 것이다. 또한 과정을 달리함으로써 차별화하였다. 즉, 두 가지 방식으로 행해질 수 있도록 한 것인데, 하나는 학생들이 좋아하는 방식으로(예: 비디오 시청, 오디오 청취, 텍스트 읽기 등을 통해) 내용에 접근하도록 했고, 다른 하나는 좀 더 자주 사용했던 방식으로서, 그 과정을 필요로 하는 학생들에게 더 많은 발판을 마련해 주었다. 예를 들어, 생각을 글로 표현하는 데 어려움을 가진 학생들에게는 특정의 도식 조직자(graphic organizer, 역주: 텍스트와 그림을 결합시켜 개념과 지식 혹은 정보를 구조화하여 제시하는 시각적인 체계로, 벤다이어그램이나 마인드맵 등이 이에 해당함)를 제공하였다. 차별화 수업을 위해 내가 사용한 세 번째 방식은 학생들에게 본인들이 직접 가장 선호하는 방식을 선택하게 하는 것이었다. 결과물을 차별화함으로써 학생들은 프레젠테이션을 준비하거나, 간단한 이야기를 작성하거나, 널리 알리기 위한 전시물을 만드는 것 중에서 어느 하나를 선택할 수 있었다. 모든 학생이 궁극적으로 공부해야 할 내용과 충족시켜야 할 평가기준에 있어서는 동일하게 했지만, 방법에 있어서는 그들의 선택을 존중하여 다양하게 하였다.

**학생들은 (1) 교사가 무엇을 하는지 알고 있고,
(2) 교사가 학생들을 아끼고 있다는 것을 아는 한 함께 할 것이다.**

나는 담당했던 중학교 2학년 학생들의 차별화된 글쓰기 과제를 위해 매우 열심히 일했다. 한 학생이 "선생님은 과제 알려주는 한 단락만 쓰는데 저는 왜 이 많은 단락을 써야 하나요?"라고 울부짖기도 했지만 말이다. 분명 이 학생은 내가 학생들의 필요와 요구를 맞추기 위해 그토록 열심히 노력한 것에 감사할 줄 몰랐고, 내가 그를 교실 밖으로 데리고 나가면서 살짝 윙크하는 내 뜻도 알아차리지 못했을 것이다. 나는 학생들에게 '균등'의 개념을 설명하고 싶었다. 그래서 학생들에게 우리 모두는 서로 다른 흥미와 필요를 갖고 있으며, 따라서 그 차이를 반영한 수업을 하기도 한다는 것을 설명하곤 했다. 그리고 학생들에게 많은 양이든 적은 양이든 글쓰기를 하게 하는 것은 내게 아무런 '특권'이 없다는 것도 설명하였다.

학창시절 내가 걸스카우트 활동을 할 때 승마 캠프에 간적이 있었다. 나는 말을 무척 좋아했고 언젠가는 내 소유의 말한 마리를 만들겠다고 다짐했다. 그래서 엄마가 이 캠프에 나를 보냈을 때 가슴이 설레었다. 첫날, 교관은 우리를 승마 실력에 따라 몇 개의 그룹으로 나눌 것이라고 설명했다. 승마 경험이 없는 나는 초보 그룹에 배치된다는 것을 알고는 기가 꺾여 버렸다. (솔직히 말해서 말을 타 본 적은 없지만 잠재적인 재능이 좀 있다고 확신했는데 말이다.) 초보 그룹에서 우리는 말 위에서 재주 부리는 것을 배웠다. 말을 타고 있는 동안 일어서는 법, 좀 더 정교한 기술과 다양하게 춤을 추는 법을 배웠다. 실제 움직이는 말이었다. 여러분은 내가 행운아라고 생각할지 모르겠지만, 다른 여자애들은 말 타고 빨리 달리는 법을 다양하게 배웠는데 나는 말 체조선수에 불과했다. 이러한 상황을 분명하게 말할 만큼 승마 심리학을 알지는 못하지만, 그 당시 교관은 초보자에게는 말과 신뢰관계를 형성하고 말을 타고 편안하게 균형을 잡는 법을 배우는 것이 더 도움이 된다고 알고 있었기에 그렇게 했다고 믿는다. 나는 말을 타고 내리는 법을 비롯하여, 뭔가 조금은 할 수 있겠다는 기분을 가진 채 캠프에서 돌아왔다. 분명히 그게, 내가 승마를 잘하는 고급 그룹의 소녀들과 똑같이 대우 받는 것보다 더 필요했던 것이다.

비록 교사들이 본격적인 내용을 배우기 전에 자신감이 좀 더 필요한 학생들을 이와 같이 가르쳐 왔다 하더라도, 학교에서 어려움이 전혀 없는 학생을 소홀히 할 수는 없다. 그런 학생들은 학업이나 생활에서 크게 어려움이 없기 때문에 굳이 어떤 희망이 필요한 것도 아니고, 그래서 희망을 가져야 할 이유도 없다. 이들은 또한 항상 부모를 뿌듯하게 해 주었고 대부분의 학업 우수상을 받아왔다. 교사들도 이런 학생들을 좋아하며 학급친구들도 협동학습을 할 때 이들과 같은 집단이 되길 바란다. 그러나 여러분도 다른 교사들과 마찬가지겠지만, 이런 학생들에게 불리하거나 어려운 경험을 만들지 않는 것은 오히려 그에게 해를 끼치고 있는 것과 같다. 여러분은 그들에게 어떤 도전적 목표를 세우도록 요구하지 않는다. 이런 학생들은 연습을 하긴 하겠지만 기진맥진할 정도로 최선을 다하지는 않는다. 어떤 흥미에 대한 그의 전념 수준은 미미할 뿐이다. 여러분은 그 학생이 안주하게 놔두고 있는 것이다. 이어지는 다음 장에서는 이런 점들에 대해 자세히 살펴볼 것이다.

마지막 생각

나는 특별한 재능이 없다. 다만 호기심이 열정적으로 강할 뿐이다.

- 앨버트 아인슈타인(Albert Einstein)

흥미를 키우고, 연습을 하고, 목적을 발견하는 것은 재능 계발에 있어서 핵심이다. 우리는 교실을 학생들이 그들의 열정을 파악하고 그들의 호기심이 보상을 받는 공간이 되도록 조성함으로써 그들의 흥미를 키워야 한다. 그리고 이들이 목표를 설정하고 이를 위해 연습과 훈련을 하도록 도우며, 그들이 공부에 대한 의미를 발견하도록 해야 한다. 이러한 모든 것에 고루 미치는 것이 희망이며, 희망은 우리의 학생들이 큰 꿈을 갖게 하고 성공할 능력이 있다고 믿게 만든다.

토론 질문

1. 블룸(Bloom, 1985)의 재능계발의 단계를 살펴보라. 여러분은 교실과 학교에서 각 단계를 어떻게 지원하고 있는가(흥미, 연습, 목적 면에서)?
2. 여러분의 교실과 학교에서 이루어진 활동들을 되돌아보라. 학생들에게 지시적으로 주어진 활동이 무엇인가? 어떤 활동이 지시를 넘어 학생들이 몰두하는 데 좀 더 효과적인가?
3. 어떻게 하면 진정으로 학생들에게 희망을 갖도록 할 수 있는가?

제3장

영재교육, 재능계발과 그릿

　　나의 교직생활 대부분은 중학교 2학년 영재학생들에게 언어교과를 가르치는 것이었다. 나는 그들이 언제, 어떻게 영재로 식별되었는지 알지 못했고, 그들의 **영재성**이 내가 가르치는 교과에서도 있는지의 여부는 알지 못했다. 그것은 내가 살고 있는 지역구에서는 중요하지 않았다. 왜냐하면 어떤 소년이 유치원에서 영재의 자질이 있다고 판정되면, 그 지위는 계속 유지되어 졸업할 때까지 모든 영재교육 서비스를 받을 수 있기 때문이다. 나의 학생들은 언어 교과에서 다방면의 흥미와 전문지식을 나타내 보였다. 매우 생산적이고 몰두하는 학생들이 있는가 하면, 최소한의 정신적 투자로 가볍게 일을 처리하는 학생들도 있었다. 나는 이런 성향 외에도 무언가가 교실에서 그들의 수행에 영향을 미치는 것이 있다고 믿었기 때문에,

이것은 나를 괴롭히지는 않았다. 그리고 그들이 능력에 관계 없이 읽기, 쓰기, 말하기에 흥미를 갖고 있다는 것을 인식하였다. 이들에게 할 수 있는 나의 역할은 내가 가르치는 교과에 삶과 열정을 가져다주는 것이었고, 그래서 나는 열린 마음으로 학생들의 마음속에 불을 지필 수 있었다. 나는 전형적으로 생동감 넘치는 사람이었다.

그러나 한편으로는 내 학생들을 보호해야겠다고도 느꼈다. 개인차가 있는데도 이들을 모두 하나의 언어교과 반으로 만드는 것에 대한 토론이 표면화되었을 때, 나는 이런 방법이 영재학생들에게 해가 될 것이라고 맹렬히 주장했다. 한 교직원이 못마땅해 하며 "그 아이가 재능이 있나요? 흠…" 하며 중얼거렸을 때, 나는 내가 그 아이를 이 세계로 데려온 것처럼 그를 옹호하였다. 나는 영재학생들에겐 남들과 같은 수준이 아닌 다른 무엇이 필요하다고 생각했다. 그러나 내가 틀렸었다.

이 장에서는 재능계발과 영재교육의 모델에서 그릿의 필요성에 대해 초점을 두고자 한다. 또한 영재학생들의 사회-정서적 요구를 해결함에 있어서 그릿의 역할이 무엇이며, 끈기와 열정이 있는 교실을 만들기 위해 영재교육 분야에서 배울 수 있는 것이 무엇인지 설명하고자 한다.

영재교육을 위한 새로운 방향

2011년에, 내가 틀렸다는 것을 깨달았다. 나는 그해 11월에 루이지애나주 뉴올리언스에서 열린 **미국영재아동교육협회** (NAGC) 연차대회에 참석하였다. 전과 마찬가지로 파울라 올스제프스키-쿠빌리우스(Paula Olszewski-Kubilius)는 연차대회 참석자들에게 회장 기조연설을 하였다. 회장이나 이사회의 누군가가 연설을 하는 연차대회에 다녀온 적이 있다면, 이런 연설 때 꾸벅꾸벅 조는 사람들이 있다는 것을 알 것이다. 그러나 이날의 연차대회 기조연설 중에는 조는 사람이 한 명도 없었다.

나는 그 당시에는 몰랐지만,
2011년은 영재교육을 위한 아주 중요한 해였다.

올스제프스키-쿠빌리우스는 영재란 무엇인지 새로운 정의를 밝혔다. 그때까지만 해도 영재성은 타고나는 것이고, 어떤 종류의 특별함으로 이끌어 주는 고정된 특성으로 간주되었다. 또한 영재성은 탁월함으로 이끌어 주는 잠재성을 가진 것으로 설명되었다. 영재란 무엇을 의미하는가를 설명하기가 어

렵고, 따라서 영재성을 정확하게 측정하기란 거의 불가능하다. 이러한 어려움에도 불구하고 우리는 수년 동안 영재라는 개념을 사용해 왔고 영재성을 측정해 왔다.

그 당시에는 몰랐지만, 2011년은 **영재교육**을 위한 아주 중요한 해였다. 세 가지 중요한 사건이 그해에 발생했고, 여러분이 주의를 조금만 기울이면 그 입장 변화를 알 수 있을 것이다.

1. NAGC(2010)는 "새로운 세기를 위한 영재성의 재정의: 패러다임의 이동"이란 제목의 백서를 출간하였다. 그 백서에서 NAGC는 영재성에 대한 입장을 다음과 같이 밝혔다.

> '영재'는 뛰어난 수준의 적성(사고하고 학습하기 위한 특별한 능력으로 정의된)이나 하나 혹은 그 이상의 영역에서 뛰어난 역량(상위 10% 혹은 그 이하에 들어가는 문서화된 수행이나 성취)을 보이는 사람이다. 그 영역은 자체의 상징체계를 가진 구조화된 활동 분야 그리고/혹은 일련의 감각운동기능(예: 미술, 무용, 스포츠) 분야를 포함한다. (para. 1)

2. 레나 수보트닉과 파울라 올스제프스키-쿠빌리우스 및 프랭크 워렐(Subotnik, Olszewski-Kubilius, & Worrell, 2011)은 "영재성과 영재교육의 재고: 심리과학을 바탕으로 한 방향 제시"

라는 제목의 논문을 발표하였다. 그 논문에서 그들은 다음과 같은 종합적인 정의를 제시하였다.

> '영재성'은 다른 높은 기능을 가진 개인들과 비교하여, 재능 영역에서 분포의 상위 끝에 분명히 있는 수행이나 성과의 표현이다. 게다가 영재성은 초기 단계에서는 잠재력이 주요 변인이고, 후기 단계에서는 성취가 영재성을 측정하는 잣대라는 점에서 발달적인 것으로 볼 수 있다. 그리고 재능이 완전히 발달되었을 때는 탁월함이 영재성을 부여하는 토대가 된다. 모든 발달단계에서 심리적 변인들은 영재성의 표현에 있어서 중요한 역할을 한다. 인지적 변인과 심리사회적 변인은 모두가 유연하며 영재성을 신중하게 키우는 데에 필요하다.

3. 파울라 올스제프스키-쿠빌리우스는 2011년 NAGC 연차대회 참석자들에게 회장 기조연설을 하면서 영재성이 어떻게 인지되고 있는가에 대한 이러한 패러다임 이동의 변화를 강조하였다.

여러분은 이 감격스러운 순간이 감사하지 않을 수도 있겠지만, 영재교육에 대한 나의 이 열정만큼은 여러분에게 상기시켜 주고 싶다. 나는 내 영재학생들을 정말 좋아했고 보호했다. 나는 그들에게 최선을 다해 수행할 것을 요구했다. 1년 전 나에게 학습부진아로 가득 찬 교실을 맡겼다면, 나는 교육과정에 따라 충실하게 수업을 진행하면서 그들에게 뭔가를 하도록 자극을 주려고 노력했을 것이다. 그들을 믿으며 결코 포기하지 않았을 것이다.

그렇지만 영재성에 대한 이 새로운 정의는 내가 수행자와 생산자에게만 집중할 수 있도록, 뒷걸음질 치는 것을 멈춰야 한다고 시사해 주고 있었다. 나는 그것을, 무척 사랑했지만 아무것도 하지 않은 학생들인 조와 제시카에게 등을 돌리는 것으로 보았다.

확실히, 열정은 때때로 어느 순간 이성을 잃게 되면 미쳐 날뛸 수 있다. 영재교육 학자인 남편과 나는 리얼리티 쇼에 나온 것처럼 싸웠다. 그는 논리와 사유 같은 기교를 사용하여, 이 정의가 관련 분야와 정확히 일치해야 한다는 사실을 나에게 납득시키려고 했다. 나는 이런 설명이 필요 없었다. 왜냐하면 내가 생각할 수 있는 것은 단지 지정된 독서를 한 번 읽어야 하는 학생들이었기 때문이다. 우리는 며칠 동안 말을 하지 않았다.

영재에 대한 나의 정의 방식은 틀렸었다.

    서로 말없이 지내는 동안 나는 이러한 새로운 정의가 얼마나 변형될 수 있는지 신중하게 생각했다. 사실 조와 제시카는 언어교과에 대해 나만큼 열정적이지 않을 수 있다. 아마도 그들은 다른 교과에서 열정을 추구할 수 있도록 덜 엄격한 언어교과 수업을 듣는 것이 더 나을 것이다. 아니면 그냥 게을러서 그런 행동을 할 필요가 있다는 것을 깨닫지 못했기 때문일 수 있다.

    본질적으로 생산자와 수행자에 초점을 둠으로써 우리는 대단한 가치를 열정과 끈기의 공으로 돌리고 있는 것이다. 그리고 우리의 관심이 우리의 가치에 부합하기 때문에 이러한 열정과 끈기를 키울 수 있고, 따라서 학생들은 탁월함으로 나아가는 과정에서 만나는 도전을 극복할 수 있도록 준비를 갖추게 된다. 나의 마음은 올바른 곳에 있었고, 영재학생들은 뭔가 다른 것을 필요로 한다는 나의 신념은 옳았다. 다만 영재에 대한 나의 정의 방식은 틀렸다.

    영재학생들의 그릿을 키우는 것은 모든 학생들의 그릿을 키우는 것과 유사하다. 즉, 열정을 자극하고 도전을 통해 끈기

있게 지속하는 능력을 키워주는 것이다. 그러나 일반학생들과 영재학생들의 끈기의 성질과 종류는 다를 수 있다.

영재성과 그릿

누가 영재이고 누가 영재가 아닌지를 식별하기란 간단한 일이 아니다. 그리고 이것을 어떻게 행해야 하는가에 대한 문제를 여기서 다루려고 하는 것도 아니다. 그러나 나는 재능계발에 대한 깔때기 접근법을 믿는다. 즉, 가능성을 보여 준 대규모의 학생들로 시작해서 이 가능성을 위대함으로 향하게 해야 한다. 요술 지팡이를 가진 사람이 있어서 누가 재능이 있고 없는지 결정하는 데 시간을 덜 소비하고, 어떻게 하면 학생들과 함께 있는 시간을 극대화하고 그들의 잠재력을 키울 수 있을까? 나는 교육시스템에서 영재교육 프로그램으로 학생들을 식별하기 위한 객관적 측정도구가 필요하다는 것을 알지만, 우리가 표준화된 방법에 내재된 한계점에 굴복할 필요는 없다고 생각한다. NAGC에서는 영재 식별에 있어서 성취도검사 외에도 잠재력을 좀 더 잘 포착할 수 있는 측정방법인 추천, 관찰, 학생 포트폴리오의 사용을 권장한다.

올스제프스키-쿠빌리우스와 수보트닉 및 워렐(Olszewski-

Kubilius, Subotnik, & Worrell, 2015)은 재능계발 체제에서 그릿을 키우는 맥락으로 다음의 네 가지를 주요 고려 사항으로 보았다.

1. 능력

무엇보다 **능력**(ability)이 중요하다. 능력은 성취도검사에서 뛰어난 수행을 보이는 일반적인 능력일 수도 있고, 어떤 영역에서만 뛰어난 수행을 보이는 특정적인 능력일 수도 있다. 올스제트스키-쿠빌리우스 등(Olszewski-Kubilius et al., 2015)은 이 능력이란 두드려 펼 수 있는, 즉 유연한 것이라고 주장했다. NAGC 관계자들도 그들의 웹사이트에 "영재성은 역동적이다."(para. 2)라고 올림으로써 능력은 유연하다는 것과 같은 정서적 입장을 나타냈다.

능력이 중요하다.

인문학을 연구하고 대부분의 삶을 교육에 종사해 왔던 나는, 오르지 못할 거라는 학문적 장벽에 직면한 적이 거의 없었다. 사람들이 인생의 큰 변화를 겪을 때 많이들 하는 것처럼,

나도 머리를 깎고 연구, 측정 및 통계 전공의 박사과정에 등록하였다. 나는 통계가 TV에서 들었던 스포츠 관련 통계를 넘어서는 것인지 정말 몰랐다. 그래서 연구, 측정 및 통계 전공을 선택한 것이었다. 나의 GRE 점수는 분명 수학 부분에서는 형편없었지만 전체 점수가 연구, 측정 및 통계 전공에 나를 들여보내 주었다. 나는 서서히 시작하여 열심히 공부했다. 우수한 교수님들께 특별 훈련을 받으면서 나의 수학 능력은 많이 향상되었다. 나는 어떤 점에서도 영재라고 생각하지는 않지만, 집중적으로 공부하고 연습하면 성장한다는 것을 알고 있다.

2. 영역

둘째, 재능계발의 경로는 **영역**(domain)에 따라 다르다. 어떤 재능의 계발은 신체적 성숙에 달려 있을 수 있지만, 또 다른 재능의 계발은 조기에 시작될 수도 있다. 이것은 수행과 잠재력이 측정되는 방법에 영향을 미칠 수 있기 때문에 알아두어야 할 중요한 사항이다. 아마도 '잠재력'은 최상의 성취(peak performance)가 삶의 초기가 아닌 훗날에 발생하는 경우에 좀 더 중요할 것이다. 사실 모든 영역은 잠재력으로 시작하여 역량과 가능한 탁월함으로 나아간다.

모든 영역은 잠재력으로 시작한다.

11세의 내 아들은 체구가 작지만 모든 신체 부분에 있어서 운동 능력이 뛰어나다. 불행하게도 그는 아빠의 큰 키를 닮지 않고 작은 내 키를 닮았다. 그래서 몸이 빠르고 매우 단단한 반면에 작다. 아들은 축구를 너무 하고 싶어서 우리는 그를 축구클럽에 등록시켰다. 그런데 아들을 가장 괴롭히는 것이 뭔지 아는가? 그것은 체격이 좋은 애들에게 태클을 당하거나 축구장에서 상대팀의 열광적인 응원에 대처해야 하는 것이 아니라 공을 가질 기회를 거의 갖지 못한 것이었다. 그는 프리 세이프티(free safety, 역주: 마크할 특정 상대를 갖지 않고 필요에 따라 수비를 도와주는 수비 선수)였고, 더러 멋진 경기를 펼쳤지만 그가 성장할 때까지 리시버(receiver, 역주: 득점을 결정짓는 선수)나 쿼터백(quarterback, 역주: 볼을 패스해 주는 선수)이 되지는 못했다. 그래서 아이는 미식축구에서 야구로 전환하여 그 후에도 계속 야구를 하였다. 확실히 운동에 재능이 있었지만, 아이의 성장 경로는 축구를 하기엔 맞지 않았다. 그가 축구를 그만두고 야구를 한 게 정말 다행이다.

3. 기회

세 번째 원칙은 아이들은 재능계발의 전 과정을 통해서 여러 **기회**(opportunities)에 노출되어야 한다는 것이다. 이는 학생들의 흥미를 키울 뿐만 아니라 그들이 자신의 재능을 계속 추구한다면 그들을 어디로 데려다 줄 수 있을지를 알게 해 준다. 학생들의 능력과 흥미가 성장함에 따라 그들이 재능계발을 더욱 도모할 수 있는 기회가 달라질 것이다. 이것은 그들이 초기의 연습을 넘어 더 많은 전문 지식을 확립하는 데로 나아감에 따라 좀 더 까다로워진다.

학생들의 능력과 흥미가 성장함에 따라 그들이 재능계발을
더욱 도모할 수 있는 기회가 달라질 것이다.

마크가 중학교 2학년이었을 때 나는 그를 수학영재로 가르쳤다. 그는 꽤 총명하였고 운 좋게 수학에 대한 그의 열정을 지지해 주는 부모가 있었다. 부모는 그를 지지해 주는 방법을 알고 있었고, 도움이 필요할 때 누구에게 요청해야 하는지도 알고 있었다. 그들은 마크가 수학과 과학 아카데미에서 수학 영재들을 위한 고등학교 2년을 마칠 수 있도록 허락했다. 그

기간 동안 마크는 50개 이상의 대학 학점을 취득했으며 정기적으로 그의 반의 대학생보다 월등히 뛰어난 수행을 보였다. 마크는 현재 수학전공의 우등학위 과정을 이수하고 있으면서 정기적으로 학술지를 발간하고 페이스북에 내가 이해하지 못하는 것을 올리고 있다. 만약 마크의 부모가 영재와 관련된 교육을 받지 못했다면 어땠을까? 그들이 마크의 수학 열정을 지지해 주기 위한 자원이 없었다면 어땠을까? 이것이 우리에게 필요한 것이다. 나는 마크의 수학 열정을 지지해 줄 만한 장비는 없었지만 그에게 멘토를 찾아줄 수 있었다. 선택과목으로 인턴십 과정을 마련하는 것이다. 우리가 마크에게 제공해야 하는 모든 기회를 그가 이용하고 있고, 장학금을 받기 위한 궤도에 있다는 것을 그가 확신하도록 해 줄 수 있었다. 그러나 두려움이 있다면, 마크의 부모가 복잡한 시스템을 살고 있으며, 정교한 페이스북 포스트를 가진 마크보다 훨씬 다른 삶을 살고 있다는 것이다.

4. 심리사회적 기능

네 번째는 **심리사회적 기능**(psychosocial skills), 특히 그릿이 재능계발 과정에 필수적이라는 것이다. 앞에서 살펴본 재능계발의 원칙들(능력, 영역, 기회)을 생각하면 역경과 장애물이 끊임없이 나타날 것이라는 점을 알 수 있다. 그릿에 수반되는 회복탄력성, 희망, 끈기가 없으면 좌절 속에서 나타나는 의심과 두려움을 극복하기 어렵다.

심리사회적 기능, 특히 그릿은 재능계발 과정에 필수적이다.

영재교육에서 그릿의 필요성

나는 교육의 질로 명성이 높은 학군에서 학생들을 가르쳤다. 그 지역의 부동산 시장이 이를 반영하고 있는데, 주택들은 상장된 지 며칠 이내에 요구 가격 이상으로 매매되고 있었다. 영재 프로그램은 수년에 걸쳐 조금씩 변화되어 왔지만, 초등학교와 중학교 그리고 고등학교 수준에서는 거의 변함이 없었다. 이 지역의 부모들은 자녀에 대한 높은 기대를 갖고 있으며 교육수준이 높고 전문직 종사자들이 많았다.

그럼에도 불구하고 나는 영재언어 반에서 학생들에게 도전적인 자극을 주려고 할 때 다양한 장애물에 부딪혔다. 나는 이러한 도전적인 자극 중 일부는 영재학습자들만의 것이 아니지만 이 토론에 포함시키는 것이 중요하다는 것을 알고 있다.

게다가 여기서 학생들을 논하고 있지만, 그들의 부모들도 종종 비슷하게 행동했다.

충격적인 진실 하나 소개한다. 내가 맡은 영재언어 반에서 일부 학생들은 그들의 성적만 신경을 썼다. 그들은 학습이 평균 점수에 영향을 미치는 희생을 감수해야 하는 것을 의미할 경우 그 학습을 가치 있게 여기지 않았다. 나는 채점 기간이었던 지난주 내내 공포에 떨었다. 내 메일함이 학부모와 학생들이 보충작업, 재평가, 추가 점수 또는 다음 성적에의 반영 등을 요구하는 메시지로 가득 차 있었기 때문이다. 학생들은 성적 때문에 나의 연구실 밖에서 기다리곤 했고, 눈물을 흘리며 찾아오기도 했다. 이들 중 상당수가 내 수업에서 받은 B가 그들이 받은 최초의 낮은 성적이었다.

우리는 쉽게 만들어 주는 버튼은 치우고, 학생들을 격려하면서
그들이 우수성을 얻도록 요구해야 한다.

여기서 어떤 일이 있었던 걸까? 학생들은 성적에만 관심을 둘 뿐 큰 그림을 보지 못했다. 이것은 그들이 채점 기간의 전반부에 실시되었던 학습을 지원해 주는 수업에 대한 숙달과

때로는 우수성을 입증할 수 있음을 의미했다. 그러나 이러한 지식을 새로운 상황에 적용해 보라고 했을 때 그들은 기대했던 수준에서 수행할 수 없었다. 그러면서 당황해했다. 그들은 지적으로 열심히 일한다는 것이 무엇을 의미하는지 몰랐다.

이것이 바로 영재학습자들에게 그릿을 키워주는 것이 매우 중요한 이유이다. 그들은 학업을 시작하는 초기부터 열심히 한다는 것이 어떤 것인지 알아야 한다. 어려운 내용과 씨름하는 방법을 이해하고, 이 어려운 도전을 포기하지 않고 지속하는 능력이 그들에게 있다는 것을 견고하게 믿어야 한다. 그러나 영재학생들은 우리가 요구하는 것만 행할 것이다. 그렇지 않은가? 그들은 아직 어릴 뿐이다. 그래서 우리가 쉬운 길을 제공하면 그 길을 택할 것이다. 그렇다면 우리는 어찌해야 할까? 쉬운 길을 제공하지 말아야 한다. 우리는 쉽게 만들어주는 버튼은 치우고, 학생들을 격려하면서 그들이 우수성을 얻도록 요구해야 한다.

스포츠와 학문에서의 재능계발

남편과 결혼했을 때, 나는 네 명의 아이들에게 새엄마가 되는 축복을 받았다. 아들 중 한 명은 경쟁적인 야구를 하는 것을 좋아한다. 여기서 '경쟁적'이라 함은 시간과 노력을 많이 빼앗긴다는 것을 의미한다. 그러나 그것은 우리 부부 어느 누구도 뒤로 물러서지 못하게 하는 놀라운 경험이었다. 아이를 위해 카풀(승용차 함께 타기)을 하고 응원하며 얼음팩을 만드는 동안, 나는 열정이 끈기와 교차할 때 일어나는 일을 직접 보았다. 아이는 종종 가족휴가를 함께 가지 않고 친구들과 야구를 하러 갔다. 그는 말 그대로 야구 때문에 얼굴이 부러진 적도 있었다. 또한 토요일 정오가 되기 전까지 아들을 침대에서 나오게 할 수 있는 것은 거의 없었는데, 야구는 아니었다. 아들은 내가 잘 보지 못했던 과거에도 그랬지만 지금도 여전히 그릿이 강한 아이다. 그리고 그의 야구팀은 이런 아이들로 가득 차 있었다.

이것이 재능계발의 모습이다. 이들은 한 가지 열정을 가지고 있으며, 모든 결정은 메이저리그에서 뛰는 꿈에 좀 더 가까워지기 위해 내린다. 역경과 좌절에도 불구하고 그는 계속해서 자신의 도전적 목표로 돌아온다. 아들은 지금 대학에 다니고 있는데, 시간과 주의를 야구에 둘 뿐 그 밖의 것에 두지 않는다. 친구들과 놀러 다니지도 않고, 연애를 하지도 않고, 학과 친구와도 어울리지 않으며, TV를 보지도 않는다. 야구 외엔 아무것도 하지 않는다.

> 나는 우리가 운동적 재능을 계발시키는 것처럼
> 학업적 재능을 계발시킬 필요가 있다고 믿는다.

모든 엘리트 팀의 코치들처럼 그의 코치도 재능계발의 체계를 알고 있다. 처음에 코치들은 게임에 대한 재능, 전념, 열정의 수준이 다양한 많은 아이들로 시작한다. 선수들이 어렸을 때 코치들은 생동감 있는 재미를 유지하면서 재능계발에 초점을 둔다. 선수들이 성장하면서는 그들의 정신력, 즉 그들의 목표에 도달하기 위해 외부의 도전과 압박에 대처하는 능력을 키우는 경험을 만들어 제공한다. 선수들이 이러한 도전과 압박에 대처하도록 도와주는 것이 무엇인가? 바로 그릿이다.

나는 우리가 운동적 재능을 계발시키는 것처럼 **학업적 재능**을 계발시킬 필요가 있다고 믿는다. 코치들은 운동적 재능의 계발을 영원히 파악하고 멋진 시스템을 갖추고 있다. 케틀러(Kettelr, 2016)는 이러한 시스템을 다른 영역으로 옮기는 것을 목표로, 코치들이 어떻게 세계적인 선수를 만들어 내는지에 대한 일곱 가지 원칙을 제시하였다. 먼저, 다음의 세 가지 원칙들은 프로그램의 목표에서 나온다.

1. 목표는 명확하게 진술되어야 한다.
2. 목표는 도전적인 것이어야 하고 최고의 성취수준에 초점을 두어야 한다.
3. 목표는 모든 훈련 프로그램의 결정을 위한 근거가 되어야 한다. 학교의 관점에서, 우리는 이러한 신념들을 어떻게 전이시킬 수 있는지를 알 수 있다(p. 7).

대부분의 학교는 원칙 1과 3을 충족시키는 경향이 있지만, 내가 의문시하는 것은 '도전성'과 '최고의 성취수준'이다. 공교육에서 도전적인 것이어야 한다는 것은 쉬운 일이 아니다. 둘 다 만족스럽지 못한 채 우리는 매일 그렇게 한다. 국가장학생의 자격을 취득하고 대학수학능력시험과 대학입시에서 높은 점수를 얻는 것은 대단한 일이지만, 과연 그것이 '최고의' 수준이라고 난 생각하지 않는다. 최고의 성취는 더 이상 올라갈 수 없을 때다.

다음의 나머지 네 가지 원칙들(Kettler, 2016)은 선수에게 초점을 두고 있다.

1. 선수들은 매년 테스트를 받는다.
2. 선수들은 최고에 도달하더라도 코치를 받는다.
3. 선수들은 자제력을 갖고 운동에 전념해야 하며, 그렇게

하는 과정에서 강력한 지원을 받게 될 것이라는 점을
알고 있다.

4. 선수들은 이 한 가지 분야에 집중한다.

앞의 세 가지 원칙들처럼 이들 원칙도 쉽지 않다.

첫째, 매년 테스트를 받는다. 이것이 여러분의 영재 프로
그램에서는 어떻게 이루어지는지 살펴보라. 나의 경우엔 이직
을 고려하기 시작할 정도로 사무적으로 처리할 업무가 너무
많은 것 같다. 그러나 관리자들이 능률적인 처리과정을 설계
했다고 상상해 보자. 학생들의 관점에서 보면 그것은 꽤 스트
레스를 주는 것일 수 있다. 여러분은 1학년 때는 영재였지만
2학년 때는 영재가 아니었던 케네스를 상상할 수 있겠는가?
우리는 케네스한테 그런 짓을 해서는 안 된다. 안 그런가? 우
리는 우리를 최고 수준의 성취로 이끌어 줄 수 있는 많은 사람
을 찾고 싶어 한다. 그러면서도 우리는 케네스에게 그가 능력
과 잠재력을 보여 주는 분야에서 뛰어나도록 기회가 주어지는
지 확인한다. 어쩌면 그가 영재언어 테스트를 받을 때 그의 담
임교사는 그가 과학에 도전하기에 더 적합하다고 인정할지 모
른다. 그의 능력은 1학년과 2학년 사이에서 조금 더 구체화되
었다. 그의 교육경험이 그것을 반영하지 않아야 하는가? 특히
우리가 열정과 특수성을 키우기를 원할 경우에는 그의 교육경

험을 반영해야 하지 않는가? 그렇다고 그가 여전히 언어 교과를 즐길 수 없다는 의미는 아니며, 또한 그가 영재과학 교육과정을 고수하고 있다는 것을 의미하지는 않는다. 영재 프로그램을 아이들의 성취와 잠재력에 따라 끊임없이 개편해야 하는 것으로 생각해야 한다. 아이들이 발달함에 따라 그들에게 적합한 곳도 바뀌는 것이다. 이는 멋진 일이다.

학생들이 최대한 많이 성취하도록 그들의 열정에 집중할 수 있게 도와주는 것이 우리가 해야 할 일이다.

둘째, 우리는 대다수의 학생들이 프로그램 목표에 진술되어 있는 최고의 성취 수준에 도달하지 못할 것이라는 점을 인정한다. (나는 이에 대해 다시 얘기해 보겠다고 앞서 말한 적이 있다.) 그러나 케네스가 최고 수준에 도달하지 못할 것임을 안다고 해서 우리가 케네스를 그렇게 가르치지 말아야 한다는 뜻은 아니다. 어느 고등학교 축구 코치에게 그의 목표가 무엇인지 물어보면, 전국대회에서 우승하는 것이라고 말할 것이다. 그의 팀이 그가 재활용 클럽에서 모집한 키가 작은 소년들로 이루어진 오합지졸의 그룹이라도 상관없다. 목표는 우승하는

것이고 마치 그들이 우승할 것처럼 소년들을 코치할 것이다. 모든 약자의 성공 이야기는 그들에게 제한이 없었기 때문에 가능한 성공이다. 학생들이 성취할 수 있는 것에 제한을 두는 것이 교사로서 우리가 해야 할 일이 아니다. 대신 학생들이 최대한 많이 성취하도록 그들의 열정에 집중할 수 있게 도와주는 것이 우리가 해야 할 일이다.

이것이 나를 케틀러의 세 번째 원칙에 데려다 준다. 만약 우리가 영재 프로그램에서 도전적 목표를 갖고 있고 개개 학생을 마치 제2의 실비아 플라스(Sylvia Plath, 역주: 미국의 대표적 여성 시인)나 토마스 제퍼슨(Thomas Jefferson, 역주: 미국의 정치가이자 교육자, 철학자로서 〈독립선언문〉의 기초위원이 됨)이 될 것처럼 지지를 보내주고 있다면, 우리는 또한 학생들이 최고의 성취를 위해서 어떻게 몰두하고 전념해야 하는지 알 수 있게 도와줘야 한다. 그들은 연습을 하고, 장애물과 역경에 처해 보기도 해야 하며, 포기하고 싶을 때 끈기를 갖고 지속해 나가야만 할 것이다. 우리는 그들이 포기할 수 없는 강렬한 수준으로 열정을 키울 수 있도록 멘토가 되고 수행 기회를 제공해 왔다. 그들은 자신이 행하고 있는 것을 매우 좋아하며 자신의 꿈을 신뢰할 것이다.

끝으로, 학생들은 다른 어떤 영역보다도 자신만의 재능 영역에 최우선적으로 초점을 맞추어야 한다. 이 점에 대해서는 이미 앞에서 케네스의 사례를 통해 살펴보았다. 그는 언어보다는 과학에 재능이 있다는 것을 보여 주었다. 그래서 그의 강렬한 초점은 과학에 두어야 할 것이다. 이것은 그가 읽기, 쓰기, 말하기에 도전하지 말아야 한다는 것이 아니라, 언어와 과학에 대한 강도 및 기대가 같지 않아야 한다는 것을 의미한다.

교실에의 적용

영재학생들은 각각 정기적이고 적절하게 도전을 받을 필요가 있다. 여기서 여러분은 "네, 그렇죠. 영재뿐만 아니라 모든 학생들이 다 도전을 받을 필요가 있죠."라고 생각할지 모른다. 그렇게 생각했다면 맞는 말이다. 하지만 영재아이들이 비영재 또래들과는 다른 것을 필요로 하지 않는다고 생각하는 사람들이 있다. 나는 그동안 많은 교사들이 "내 도움이 필요한 아이들이 너무 많아서 영재아이에게 소비할 시간이 없다." "영재아이들은 어쨌든 잘할 것이다." "나의 영재학생들은 학습을 어려워하는 친구들을 도와주는 튜터이다."라고 말하는 것을 들어왔다. 이 모든 점들은 매우 타당한 우려를 암시하고 있다. 즉, 우리는 이미 읽고, 쓰고, 행위동사를 삽입할 수 있는 학생들은 물론이고 학습에 어려움이 있는 학생들을 돕기 위해 필요한 자원이 충분하지 못하다는 것에 스트레스를 받고 있다. 그럼에도 불구하고 나는 영재학생들은 각각 정기적이고 적절하게 도전을 받을 필요가 있다는 나의 주된 요지를 반복하고자 한다. 왜냐하면 모든 학생들의 그릿을 키우는 것에 대한 옹호자로서 그 요지가 중요하다고 보기 때문이다.

여기서 정기적이란 종종, 매일을 의미한다. 학생들은 이러한 정기적 도전과 함께 즉각적인 피드백을 필요로 한다. 여러분이 운동선수 코치처럼 학생들을 가르칠 경우 여러분이 원하는 행동을 강화하기 위하여 그들에게 끊임없이 피드백을 주게 된다. 이것이 교사의 가장 도전적인 측면 중 하나이다. 여러분이 직무상 갖고 있는 많은 책무를 수행하고 처리해 나가면서 즉각적인 피드백을 준다는 것이 쉬운 일은 아니다. 학급당 학생 수가 많고, 문제행동을 다루어야 하며, 처리해야 할 업무가 많고, 각종 회의와 모임에 참석해야 하는 등 해야 할 일이 너무 많다. 그러나 우리는 이러한 일들을 해결해야 한다.

그렇다면 어떻게 해야 할까? 여러분의 학생들에게 규칙적으로 '수행'하도록 요구해야 한다. 가급적 무작위로 말이다. 낮이나 수업시간 중 어느 시점에서든 학생들에게 요구하라. 영재학생들이 그 자료를 알아야 할 책임이 있다는 것을 이해할 수 있는 환경을 만들어라. 이것은 고차원적 사고를 요구하지 않는 빠른 평가일 수 있다. 요점은 그들이 더 깊은 수준에서 수행하도록 요청받을 때 난처해 하지 않고 계속 사고하는 것을 배워야 한다는 것이다. 그리고 그들이 개선할 필요가 있을 때 코치하라.

여러분의 학생들에게 규칙적으로 '수행'하도록 요구하라.

그런 다음 그들에게 변화하도록 요구하라. 야구 얘기로 돌아가 보자. 내가 베팅케이지에서 아들이 베팅 연습 하는 것을 보았을 때 코치는 아들에게 팔꿈치를 들어올리라고 말했다. (확실히 이것은 중요한 자세법이다.) 그리고 나서 코치는 아들에게 계속해서 투구해 주었다. 내 아들의 팔꿈치는 너무 낮았다. 그래서 코치는 반복해서 팔꿈치를 높이 들어올리라고 하였고, 그 지시가 계속 반복되었다. 나는 아들이 씩씩거리며 베트를 떨어뜨릴 때 코치가 조용히 다가가 아들의 어깨에 손을 얹으며 진정시키는 말을 하는 것을 보았다. 그들은 다시 연습에 들어갔다. 코치는 내 아들이 지시사항을 완수하는 것을 증명해 보일 때까지 베팅케이지에서 나오지 못하게 했다.

나는 학생들의 글에 대하여 상세한 피드백을 주고 논평을 하면서 왜 그들의 특정 실수에 대해서는 결코 책임을 묻지 않는가? 그것은 대체로 학생들의 글을 한 번 더 읽을 처지가 아니기 때문이다. 내 딸의 수학교사는 왜 실수에 대한 책임을 묻지 않으면서도 한 단원의 수업이 끝날 때 점수가 부여되는 과제를 집에 보냈을까? 그 이유는 과제가 어렵고 교사가 피곤하기 때문이다. 그러나 여기 좋은 소식이 있다. 우리가 이러한 종류의 피드백을, 우리가 가르치는 교과에서 능력과 잠재력을 보인 학생들에게 초점을 두면 어떨까? 우리는 케틀러의 네 번째 원칙에 따라 정기적으로 아이들을 뒤섞고 있다는 것을 기억하라. 확실히 우리는 모든 학생들과 함께 일하고 있지만 최고의 성취 수준에 도달할 능력과 잠재력을 가진 학생들을 정말로 밀어붙이고 있다. 그게 더 관리하기 쉽다. 그렇지 않은가? 그게 확실히 더 보람이 있는 일이다. 또한 다른 학생들에 대한 여러분의 기대치가 높지 않아서 그들은 부담없이 즐겁게 학습에 임한다. 그리고 그들이 높은 성취를 보이면 다음에 테스트를 거쳐 영재 과정에 다시 넣을 수 있다.

**초점 에너지는 여러 방향으로 분산된 에너지보다
더욱 강력한 반응을 야기한다.**

내가 학생들은 적절히 도전을 받아야 한다고 제안했음을 기억하라. 우선 무언가에 열정을 가지면 가질수록 도전을 참고 견디기가 더 쉽다. 이것은 영재학생들이 열정을 키우는 '연습' 단계에 이르렀을 때 특정 학문에 좀 더 초점을 두어야 한다는 것을 의미한다. 야구에 완전히 전념하기 전에 나의 아들은 다른 대부분의 운동을 하였다. 그러나 다음 연습 수준에 이르렀을 때 그는 자신에게 재능이 있고 열정을 가진 운동에 주의를 집중하였다. 아들은 야구 코치에게는 많은 것을 견뎌 냈지만 과학 교사, 청소년 지도자 혹은 레크리에이션 농구 팀에게는 야구 코치와 같은 엄격한 기대를 받아들이지 않았을 것이다. 그는 단 한 가지 분야에서 탁월함을 발휘하는 데에 초점을 두었기 때문에 보다 성공할 수 있었다. 이는 물리적인 현상이다. 안 그런가? 초점 에너지는 여러 방향으로 분산된 에너지보다 더욱 강력한 반응을 야기한다.

이것을 열정을 키우는 단계로 전환시키기 위해서 여러분은 1단계를 '탐색'으로 생각할 수 있다. 1단계는 흥미가 확립될 때까지 필요한 만큼 오래 계속된다. 대체로 학생들은 중학교 시기에 결정적인 열정에 집중하면서 2단계로 나아간다. 목적을 찾는 최종 단계는 성인 초기에 시작되며 종종 성숙에 따라 발달한다. 영재학습자들의 경우 이러한 과정은 보다 빠른 속도로 일어날 수 있다.

나는 교직생활이 끝날 때까지 수많은 부정행위 문제들을 다루어 왔다. 대부분의 경우 이것은 학생들이 준비되지 않았기 때문이다. 여러분은 '설마'라고 생각할지 모르겠지만 내 말 좀 들어보라. 이것은 학생들이 평가에 준비되지 않아서가 아니라 도전을 받을 준비가 되어 있지 않았기 때문이다. 학생들과 그들의 부모는 많은 노력을 기울이지 않고 좋은 성적을 얻는 데 익숙해져 있다. 그래서 그들이 열심히 해야 할 상황에 놓이게 되면 어찌할 바를 몰랐다. 그리고 그들은 자신들을 독특하게 만드는 '영재성'을 잃고 싶어 하지 않았다.

정체성과 그릿

영재학생들은 **정체성**을 확립하는 데 어려움을 겪는다. 그들은 잠재적인 문화적, 성적 고정관념을 극복해야 할 뿐만 아니라 때로는 수용이 되는 것과 재능이 있는 것 중에 어느 하나를 선택해야 한다. 예를 들어, 영재로 확인된 소수 학생들은 그들의 학업적 세상과 사회적 세상을 섞으려고 할 때 종종 어려움을 겪는다(Grantham & ford, 2003). 많은 경우에 그들은 사회적 수용과 학업적 도전 중에 어느 하나를 선택해야 하는 상황에 놓인다. 영재 여학생들도 어려움을 겪는데, 그들은 영재

남학생들과 비슷한 관심사를 갖고 있지만 다른 여학생들처럼 여학생답게 행동해야 한다는 사회적 스트레스를 경험한다 (Kerr & Multon, 2015). 남학생, 특히 창의적인 영재 남학생들은 남성성과 관련된 또래의 압력에 순응하면서, 그들의 관심사를 균형 맞추는 것에 고심한다.

가장 운 좋은 영재학생들은 또래들에게 자신의 성취를 칭찬받는 학생들이다. 그러나 우리는 그렇지 않은 영재학생들을 더 많이 봤을 것이다. 아마도 그들은 또래들에게 놀림과 이용을 당했을 것이고, 설상가상으로 그들의 존재가 중요하지 않은 것처럼 완전히 배제되어 왔을 수 있다. 우리는 이런 아이들을 위해 무엇을 해야 하고 어떻게 지원해 주어야 할까?

우리는 영재들이 **비동시적**으로 발달한다는 것을 기억해야 한다. 비동시적이란 본질적으로 어느 영역(인지적, 신체적 혹은 정서적)이 다른 영역의 발달과는 다른 속도로 발달할 수 있다는 것을 의미한다. 예를 들어, 5세 아이는 소지품을 나누어 주고 자기 침대에서 자기를 거부할 정도로 어린 시절의 노숙에 대해 깊이 걱정할 수 있다. 용변도 가리지 못하면서 말이다. 한 고등학생은 지역 대학의 유전학 실험실에서 보조원으로 일할 수도 있지만, 시사문제에 대한 개념이 없을 수 있다. 영재가 한 영역에서 할 수 있는 것과 다른 영역에서 할 수 없는 것 사이의 이러한 불균형이 또래 친구들에게 어떻게 받아들여지는지에 대한 몇 가지 문제를 야기한다고 상상할 수 있다.

**많은 영재학생에게 있어서 그들의 정체성은
꽤 비합리적인 방식으로 그들의 영재성에 중점을 둔다.**

그렇기 때문에 재능계발 구조 내에서라도 영재들에게는 또래들과는 다른 지원이 필요하다는 점을 인식해야 한다. 우선 영재들은 자신들과 함께 일어나는 것을 이해할 필요가 있다. 그래야 그것을 처리하고 이해할 수 있다. 게다가 우리는 영재학생들이 비슷한 칭호를 공유하고 있으면서도 각자 독특하기 때문에 각기 다르게 취급되어야 한다는 것을 인정해야 한다. 영재학생들이 꾸물거리는 학생이든 완벽주의를 꾀하는 학생이든 간에 그들은 일반학생과는 다른 서비스를 요구한다. 우리가 모든 영재들을 찾기 위해 넓은 그물을 던져야 하는 것은 그들을 위한 것이다. 즉, 뛰어난 능력과 우수한 잠재력을 가진 학생들을 찾아내고, 그들이 필요로 하고 특히 그들의 정체성 형성에 도움이 되는 사회적·정서적 지원을 제공하기 위해 노력해야 한다.

많은 영재학생에게 있어서 그들의 정체성은 꽤 비합리적

인 방식으로 그들의 영재성에 중점을 둔다. 한나와 한 무리의 친구들은 교실에서 점심을 먹으며 그들을 괴롭혔던 일에 관해서 대화를 나누곤 했다. 나누었던 한 가지 문제가 능력과 관련된 정체성의 개념에 관한 것이었다. 예를 들어, 한나는 항상 수학에서 우수성을 보였다. 한나는 수학적 개념들을 빨리 이해했고 그녀의 수학 점수는 항상 반에서 1등이었다. 한나와 친구들은 수학 시험 결과가 나온 직후에 서로에게 자신의 점수를 말하면서 잘난 체하는 허풍쟁이 공동체를 만들곤 했다. 한나는 어느 날 시험에서 기대했던 것보다 낮은 점수를 받아 당황했고 친구들은 충격을 받았다. 일부 친구들은 "내가 한나보다 똑똑하네."라고 자랑하면서 한나를 잔인하게 놀렸다. 한나는 수학을 자기가 제일 잘하는 자기만의 것이라 생각했기 때문에 정신이 황폐해졌다. 만약 자신이 수학을 가지지 못한다면, 그것도 순식간에 다른 사람에게 빼앗길 수 있는 것이라면, 나는 대체 뭐가 되는 것일까?

교육의 장은 가치 있는 경험들, 즉 열정을 키우고 도전을 제공하며 실패의 여지가 있는 경험들을 창조하는 것이다.

정체성을 형성하는 것은 하나의 사회적인 시도이다. 아이는 주변을 둘러보며 주위에 있는 사람들에게서 보는 어떤 행동에 가치를 매기며, 자기가 원하는 모습을 형성하기 시작한다. 그는 가족, 친구와 많은 사회적 요인에 의해 영향을 받는다. 교육의 장은 가치 있는 경험들, 즉 열정을 키우고 도전을 제공하며 실패의 여지가 있는 경험들을 창조하는 것이다. 우리는 그가 자신이 음악영재이며, 실패와 좌절에도 불구하고 여전히 자신이 음악영재라는 사실을 인정하길 바란다. 우리는 그가 주어진 요구를 가치 있게 여겨, 그런 요구에 어떻게 반응하는지가 그의 정체성 일부가 된다는 것을 알길 원한다. 그가 음악가일지 모르지만, 또한 동정심과 결단력이 있으며 그릿이 높은 아이임에 틀림없다.

일반교육에의 적용을 위한 교훈

물론 우리 모두가 영재들을 가르치는 것은 아니다. 나는 우리가 영재학습자들에 관해 알고 있는 것에 기초하여, 모든 학생들에게 접근하는 방법을 배울 수 있는 많은 것들이 있다고 본다. 여러분은 배울 준비가 되어 있는가? 첫째로, 그리고 가장 중요한 것은 학생들에게 붙이는 **칭호**(label)에 중점을 두지 말아야 한다는 것이다.

칭호는 정말 한 가지 이유 때문에 중요하다. 즉, 학생들이 필요로 하는 것이 무엇이고 그들을 어떻게 지원해 줄 수 있는가를 알기 위해서다. 조던이 난독증을 갖고 있는가? 라몬이 주의력결핍 과잉행동장애(ADHD)를 갖고 있는가? 브리아나가 청각장애를 갖고 있는가? 알다시피 우리는 학생들을 가장 잘 지원해 줄 수 있는 방법에 대한 이해를 도모하기 위해서 이러한 칭호들을 사용한다. 그러나 나는 항상 얼마나 많은 시간과 자원이 누가 영재이고 누가 영재가 아닌가를 확인하는 데 사용되고 있는가를 알 때마다 매우 좌절한다. 만약 우리가 학생들을 재능계발의 맥락에서 생각하고 우리의 목적이 최고의 수행자로 발달시키는 것이라고 한다면 칭호는 더 이상 문제가 되지 않는다.

내가 여기서 오해를 받지 않고 영재 반대자로 트위터에 올라가지 않도록 하기 위해서는 영재학생들이 절대적으로 독특한 요구를 가지고 있으며, 이러한 요구는 그들의 삶에서 사람들에 의해 이해되고 해결되어야 한다는 나의 입장을 상기해 주길 바란다. 그러나 나는 우리가 문지기로서의 임무를 수행하기보다는 재능을 계발시키는 데 중점을 두고 더 많은 시간을 사용해야 된다는 것을 강조하고 있는 것이다. '영재'라는 것은 독점적인 클럽에 회원권을 가지는 것이 아니라, 대신 우리가 사람을 묘사할 수 있는 방법 중 하나가 되어야 한다.

> **나는 여러분이 영재로 혹은 영재가 아닌 것으로 분류되느냐가**
> **중요한 것이 아니라, 여러분이 무엇을 하고 있는가가 중요한**
> **것이라는 점을 논의하고 있다.**

많은 경우에 영재로 묘사되는 것은 유니콘으로 묘사되는 것과 유사한 것 같다. 유니콘은 독점적이며 심지어 조금은 엘리트주의자일 수도 있다. 나는 여러분이 영재로 혹은 영재가 아닌 것으로 분류되느냐가 중요한 것이 아니라, 여러분이 무엇을 하고 있는가가 중요한 것이라는 점을 논의하고 있다.

따라서 그 점에 대해 말해 보자. 우리가 영재 세계로부터 배울 수 있는 그릿에 관한 보편적인 개념들은 무엇인가? 첫째, 우리는 규준을 '어렵게' 만들어야 한다. 수준이 다양한 모든 학생들은 매일 그리고 모든 교과에서 도전을 받아야 한다. 각 교과 영역의 전문가로서 우리는 **비계설정**(scaffolding, 역주: 학습자 혼자서는 완수할 수 없는 과제를 스스로 해결할 수 있도록 적절한 도움을 제공하는 것)을 제공해야 하고, 그것을 필요로 하는 학생들에게 지원해 주어야 한다. 그러나 우리는 더 이상 학생들이 열심히 일하는 것이 평범하지 않은 것처럼 투덜대는 것을 듣지 않을 것이다. 그들은 여전히 불평을 할 것이다. 왜냐하면 그것은 그들의 직무내용 설명서의 일부이기 때문이다. 그러나 그들의 불평은 다른 곳에 집중될 것이다.

둘째, 우리는 학생들이 모든 영역에서 자신의 재능과 강점을 확인하도록 도와주고, 재능과 강점이 있는 영역에서 탁월함을 향해 나아가도록 격려하고 힘을 가해야 한다. 제니는 수학에서 정말 힘들어하지만, 어떤 별난 이유 때문에 피타고라스의 정리를 암기했다. 그녀는 심지어 여러분이 결코 할 수 없었던 방식으로 초보인 학생들에게 그것을 설명할 수 있다. 피타고라스의 정리가 나타날 때마다 제니는 전문가가 되어 그것을 설명하는 수업을 맡는다. 이러한 재능이 제니의 삶을 변화시킬까? 아닐 것이다. 그러나 그녀에게 진정으로 자신감을 줄 것이고, 그녀가 흥미를 가질 만한 새로운 정리에 대한 또 다른 문을 열어 줄지도 모른다.

보다 큰 그림에서, 우리는 제니가 자신의 진정한 강점이 어디에 있는지 이해하기를 바란다. 분명히 그녀는 수학에서 피타고라스의 정리를 이해하고 있지만, 이것이 시를 쓰는 것처럼, 혹은 소프트볼을 하는 것처럼, 혹은 토론을 하거나 노래를 부르는 것처럼 그녀를 생동감 있게 해 주지는 못한다. 여러분은 이제 상황을 이해할 것이다. 학생들의 발달에 근거해 볼 때 강점은 흥미로 볼 수 있다. 예를 들어, 안토니오는 훌륭한 배우가 아닐 수 있지만, 무대 위에 서는 것을 좋아하고 모든 여가시간을 운동장을 달리는 것에 소비한다. 만약 우리가 학생들을 엘리트 수준에서 수행하기를 바란다면 그들의 강점을 인정해야 한다.

끝으로, 우리는 모든 학생들이 자신의 정체성을 확립하는 것을 도와줌에 있어서 중요한 역할을 한다는 것을 받아들여야 한다. 교사로서 우리는 학생들을 위해 너무나도 많은 것을 하길 바란다. 그렇지 않은가? 그러나 많은 것을 줄여 보면 우리는 학생들이 자신의 능력을 믿고, 많은 성공과 실패의 경험이 가치가 있다는 것을 알고, 그릿을 가지고 장애와 역경을 극복할 수 있기를 바란다. 그들의 칭호가 아닌 이러한 신념들이 그들의 정체성의 핵심에 있어야 한다.

마지막 생각

재능은 결코 정적인 것이 아니다. 그것은 항상 성장하거나 죽어가고 있다.

- 스티븐 킹(Stephen King)

여러분이 교실에 있는 아이 모두를 일렬로 줄 세우면 재능 있는 아이들을 골라내지 못할 못할 가능성이 크다. 누가 수줍음을 타는지, 누가 유별난지, 누가 불안한지 지적할 수는 있겠지만, 영재성은 대체로 신체적으로 드러나지 않는다. 이것이 그들이 레이더 아래서 비행하기 쉬운 이유이며, 여러분이 그들의 요구와 필요를 충족시키기 위해 좀 더 열심히 일해야 하는 이유이다.

재능계발은 능력, 영역 이해, 기회 제공, 심리사회적 기능 구축이라고 하는 네 가지 요소로 구성되어 있다. 비록 내가 이 장에서 앞의 세 가지 요소에 대해 간단히 설명하였지만, 나의 목적은 여러분이 마지막 요소인 심리사회적 기능의 중요성, 특히 모든 학생의 그릿을 키우는 것이 중요하다는 것을 깨닫도록 돕는 것이었다.

토론 질문

1. 여러분의 영재교육 프로그램에서 잘 진행되고 있는 것과 그렇지 못한 것이 무엇인가?

2. 여러분의 학교는 학생들의 재능계발을 위해 어떤 접근방법을 취하고 있는가? 여러분이 학생들 모두의 학업적 재능을 계발시키기 위해서 취할 수 있는 단계들이 있는가?

3. 여러분은 학생들에게 도전정신과 책임감을 갖도록 하기 위해 제공하는 피드백을 어떻게 개선할 수 있는가?

제4장

그릿, 마인드셋과 동기의 통합

솔직히 말해서, 이 책을 쓰기 전에 나는 **마인드셋**(mindset, 역주: 심적 경향이나 태도, 믿음, 마음가짐 혹은 사고방식을 뜻함)에 관해 듣는 것이 무척 지겨웠다. 과부하가 걸릴 지경이었다. 무엇이 나를 지겹게 했는지 아는가? 그것은 사람들이 "여러분은 마음만 먹으면 무엇이든 할 수 있다."는 하나의 슬로건처럼 **성장 마인드셋**(growth mindset)을 기술하는 것을 듣는 것이었다. 그 슬로건은 좋은 말이고 낙관적인 표현이지만 (현실주의자로서) 그건 사실이 아니다. 우리가 될 수 있고 성취할 수 있는 것에는 한계가 있고, 나는 사람들이 이론을 왜곡하고 있다는 것에 짜증이 좀 났다. 그래서, 나는 여기서 목표지향성뿐만 아니라 마인드셋 이론이 정말 무엇이며, 마인드셋이 **동기**에 어떻게 영향을 줄 수 있는지를 이해하는 데 도움을 주려 한다. 이와 더불어 우리의 학생들이 숙달을 추구하기 위한 역량과 궁극적으로는 그릿을 어떻게 키울 수 있는지에 대한 아이디어를 제공하고자 한다.

지금까지 살아오면서 여러분은 우수성을 추구할 때 자연스럽게 고난과 실패를 경험한다는 것을 알고 있으리라 본다. 그릿이 강한 사람은 이러한 고난과 실패를 잘 견디어 나갈 것이다. 우리는 어떤 목표를 계속 추구하도록 이끄는 것은 열정 외에도 동기가 중요하다는 것을 알고 있다. 포기하는 사람과 지속하는 사람 간의 차이는 그릿 외에도 무엇이 있을까? 바로 마인드셋이다.

고정 마인드셋과 성장 마인드셋

마인드셋에 관한 보다 깊은 이해를 위해서는 캐롤 드웩 (Carol Dweck)이 인용된다. 그녀는 자신의 저서 《마인드셋: 새로운 성공의 심리학(Mindset: The New Psychology of Success, 2006)》에서 마인드셋이란 우리가 목표와 도전에 접근하는 방식이라고 설명하였다. 드웩은 마인드셋은 하나의 선택에 불과하며 우리는 **고정 마인드셋**(fixed mindset)을 구현할지 아니면 성장 마인드셋을 구현할지 결정할 능력이 있다고 제안하였다.

이것은 여러분에게 좋은 소식이다. 선택은 영향을 받을 수 있다. 내가 스스로를 매일 앉아 글을 쓰도록 훈련할 수 있는 것과 마찬가지로 우리는 학생들에게 성공을 위해 최적의 마인드셋을 선택하도록 그들을 훈련할 수 있다.

고정 마인드셋은 바로 '그것'이 고정적이고 정적이며 경직된 것이라고 믿는 것이다. 즉, 고정 마인드셋은 '그것'을 갖고 있다거나 갖고 있지 않다고 믿는 것이다. '그것'이란 축구 재능, 지능, 요리 능력 등일 수 있다. 고정 마인드셋을 가진 사람은, 그것은 타고나는 것이며 아무리 열심히 하고 연습하고 전념해도 변화시킬 수 없다고 믿는다. 나는 이러한 마인드셋을 가진 많은 학생을 가르쳐 봤다. 그들은 나의 언어교과 반에 들어와 글쓰기가 정말 힘들고 그래서 이것이 싫다고 외치곤 했다. 나는 마음을 다져먹고 매일 이러한 신념과 맞붙어 싸웠다. 중학교 2학년 학생들을 가르쳤을 때 그 학생들은 이러한 태도를 갖고 있었고 나는 이를 바꾸기 위한 기회를 만들려고 애를 썼다. 경우에 따라 좀 더 성공적이긴 했지만 수년 동안 그들 자신에 대해 갖고 있었던 태도를 바꾸기란 힘들었다. 만약 우리가 일찍이 마인드셋에 초점을 두었다면, 그리고 재능과 능력은 정체되지 않는다고 믿는 학생들을 키웠다면 결과는 달라졌을 것이다.

**성장 마인드셋을 가진 사람은 도전하려고 노력하며
성장의 기회를 추구한다.**

　　성장 마인드셋의 영역에 들어가 보자. 성장 마인드셋을 가
진 학생들은 연습과 노력으로 자신의 기능과 능력을 향상시킬
수 있다고 믿는다. 그들은 내 언어교과 반에 풀이 죽어 들어오
기보다는 해야 할 일이 있다는 것을 알며 소매를 걷어 올리고
일에 착수하는 학생들이다. 그게 우리 교사가 꿈에 그리던 학
생의 모습이다. 안 그런가? 성장 마인드셋을 가진 학생은 도전
하려고 노력하며 성장의 기회를 추구한다. 그는 노력하면 좀
더 잘 수행할 수 있으며, 자신이 통제할 수 없는 것은 거의 없
다고 믿는다.

　　드웩(2006)은, 사람들은 외부 세상에서 그들의 마인드셋에
관한 단서를 얻는다고 보았다. 성장 과정에서 나는 '천부적인'
재능을 가진 사람들에 대해 듣는 것을 싫어하였다. 그 이유를
아는가? 그것은 내가 어떤 천부적인 재능을 갖고 있지 않은 것
같았기 때문이다. 내가 시도해 봤던 운동팀의 수를 기술하는
것은 굴욕적인 경험이다. 단지 오랫동안 숨겨져 온 나의 잠재
된 능력을 코치가 발견하여 인정해 주기를 바랄 뿐이었다. 스

포츠의 종류는 중요하지 않았다. 나는 단지 뭔가를 잘하고 싶었을 뿐이다. 결국 초등학교 6학년 때 언어교과 선생님께 나의 글쓰기를 인정받았다. 이러한 인정은 중학교 3학년 때에 다시, 그리고 그 후에도 계속되었다. 선생님들은 글쓰기를 수정하고 보완하는 나의 능력을 칭찬해 주셨다. 그래서 나는 글쓰기 대회에 참가하였고, 닥치는 대로 책을 열심히 읽었으며, 결과적으로 영어 교사가 되었다. 이것은 자신감이 아니었다. 나는 절대적으로 주변 사람들이 나에 관해 갖고 있는 신념에 의해 만들어진 것이었다. 학생들은 "너는 할 수 있어."라고 그들에게 긍정적 마인드셋을 강조하는 교사들의 영향을 받아 노력하면 성취할 수 있다는 신념을 형성하게 되고 그에 따라 행동한다. 여러분은 그릿과 성공 간의 관계를 알고 있기 때문에 끈기로 이끌고 열정을 키우게 될 학생들의 능력을 촉진할 수 있다.

나는 [그림 6]의 도식을 무척 좋아한다. [그림 6]을 살펴보고 여러분이 자신의 삶의 여러 영역에서 어디에 속하는가를 한번 생각해 보라. 여러분의 학생들에 관해 생각해 보고, 그들이 학급 친구들의 도전, 장애, 노력, 비판, 성공에 대해 어떤 관점을 취하고 있는가를 생각해 보라. 나는 신념으로 시작해서 성취로 끝나는 논리를 좋아한다. 여러분이 담당하고 있는 학생들 중에는 도전에 직면해 있지만 극복하기가 어렵다고 생각

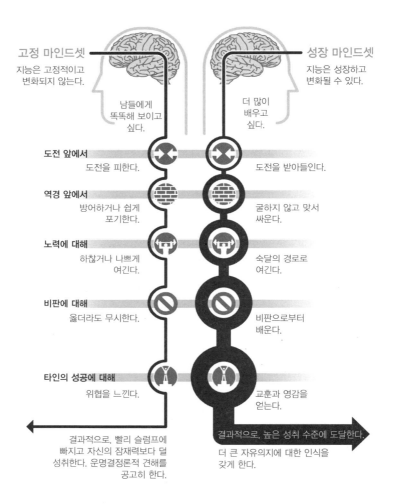

고정 마인드셋 ━━
지능은 고정적이고
변화되지 않는다.

성장 마인드셋
지능은 성장하고
변화될 수 있다.

남들에게
똑똑해 보이고
싶다.

더 많이
배우고
싶다.

도전 앞에서
도전을 피한다.

도전을 받아들인다.

역경 앞에서
방어하거나 쉽게
포기한다.

굴하지 않고 맞서
싸운다.

노력에 대해
하찮거나 나쁘게
여긴다.

숙달의 경로로
여긴다.

비판에 대해
옳더라도 무시한다.

비판으로부터
배운다.

타인의 성공에 대해
위협을 느낀다.

교훈과 영감을
얻는다.

결과적으로, 빠리 슬럼프에
빠지고 자신의 잠재력보다 덜
성취한다. 운명결정론적 견해를
공고히 한다.

결과적으로, 높은 성취 수준에 도달한다.
더 큰 자유의지에 대한 인식을
갖게 한다.

[그림 6] 고정 마인드셋과 성장 마인드셋의 비교

도표 작성자: Niegel Holmes
출처: M. Krakovsky(2007). The effort effect. *Stanford Magazine*, *36*(2), p. 48.

하자마자 포기해 버리는 학생이 있을 것이다. 여러분은 니겔 (Niegel)이 만든 [그림 6]의 도표를 담당 학생들(혹은 여러분 자신)을 중재하고 트랙의 원 상태로 되돌아오게 하기 위한 진단 도구로 생각해도 될 것이다.

고정 마인드셋의 위험성

나는 과거 교사 시절에 미국중학교우등생클럽(National Junior Honor Society: NJHS)의 우리 학교 지부를 후원했었다. 이 명칭에서 '우등생'이란 회원이 되는 데 필요한 자격조건을 갖춘 성격과 학업적 수행을 가리킨다. 수년 동안 나의 공동 후원자와 나는 이 우등생클럽 학생들이 점점 더 상호 경쟁적이 되어 가고, 그 어느 때보다도 **부정행위**를 많이 하는 것을 목격하였다. 우리가 여기서 논의할 수 있는 많은 종류의 문제가 있지만, 나는 고정 마인드셋을 가지는 것과 부정행위를 하는 것과의 관계성에 초점을 두고자 한다. 만약 어떤 소년이 지금까지 살아오면서 대부분을 그의 정체성의 일부가 된 지능이 우수하다고 칭찬받아 왔다면, 그리고 이 우수한 지능이 그가 가진 전부라며 잃어버릴 것을 두려워한다면, 그는 이런 이미지를 오랫동안 보호하려고 할 것이다. 그는 자신의 학업성취도에 대해 어떤 통제도 할 수 있다고 믿지 않는다. 언제나 영리한 아이였을 뿐이다. 우등생반에 앉아서 그와 같은 학생들로 가득 찬 교실을 상상해 보라. 열등생반은 열심히 공부한 결과의 수익을 본 적이 없기 때문에 학업을 성취할 수 있다고 믿지 않는 학생들로 가득하다. 여러분은 왜 그런 것 같다고 생각하는가?

코치가 자신의 선수를 챔피언의 마음을 가진 것으로 설명할 때, 체육관이나 운동장에서 선수의 성적을 말하는 것이 아니다. 그를 게임의 최고 선수로 유지시키는 것은 성적 외의 다른 모든 것이다.

충격적일지 모르겠지만 나는 그들이 열심히 공부하는 방법을 모르기 때문이라고 본다. 교육자로서 우리는 학생들이 열심히 공부하는 것을 습관화하도록 해야 한다. 즉, 학생들이 습관처럼 평소에도 꾸준히 하도록 해야 하는 것이다. 나의 언어교과 반에서 있었던 또 다른 기억은 내가 새로운 쓰기 과제를 제시할 때마다 징징거리는 학생들이었다. "또 과제야?"라며 그들은 불끈 성을 내곤 했다. 나는 그들을 자주 수상쩍게 쳐다보며-징징대고 성을 낼 때마다 내가 충격을 받은 이유를 알기

도 했고 모르기도 했다―그들에게 "언어교과 시간이야. 우리는 매일 책을 읽고, 글을 쓰고, 사고를 해야 돼."라고 말하곤 했다. 학생들이 열심히 공부해야 하는 것은 중요한 시험이 다가와서도 아니고, 높은 평균 점수를 얻기 위해서도 아니다. 우리는 학생들이 열심히 공부하는 것을 습관화하도록 만들어 그들이 긍정적인 결과를 반복해서 경험하도록 해야 한다. 이것이 여러분이 고정 마인드셋을 성장 마인드셋으로 바꾸는 방법이며, 또한 여러분이 그릿을 키우는 방법이기도 하다.

　나의 우등생클럽 학생들은 능력이 그들을 최고로 이끌 수 있지만, 최고의 자리를 지키도록 해 주는 것은 끈기와 열정, 성격이라는 것을 깨닫지 못했다. 코치가 자신의 선수를 챔피언의 마음을 가진 것으로 설명할 때, 체육관이나 운동장에서 선수의 성적을 말하는 것이 아니다. 그를 게임의 최고 선수로 유지시키는 것은 성적 외의 다른 모든 것이다. 이것이 훌륭한 코치들이 잠재력을 가진 선수들을 선발하는 이유이다. 그들은 더 나아갈 수 없는 최고 절정에 달한 선수들을 찾지 않는다. 넘어지지만 다시 일어나고, 과거 한계를 뛰어넘고, 끊임없이 개선하기 위해 노력하는 선수들을 찾는다. 코치들은 성공이란 열심히 노력한 직접적인 결과라고 확고하게 믿는 그릿이 강한 선수들을 원한다.

우리는 학생들이 열심히 공부하는 것을 습관화하도록 만들어
그들이 긍정적인 결과를 반복해서 경험하도록 해야 한다.

성장 마인드셋의 이해

여러분은 이 책을 통해서, 학문의 세계는 운동의 세계와 마찬가지로 재능계발에 접근할 수 있고 접근해야 한다는 나의 주장을 살펴보았다. 나는 아직 여기에 멈출 수 없다. 드웩(2006)은 운동선수의 마인드셋을 연구하여 어떤 흥미로운 점을 강조했던 스포츠심리학자들의 연구결과를 요약하였다. 그 연구결과는 매우 충격적인 것은 아니지만 사실이다. 여러분이 연구결과를 읽으면서 이러한 신념과 행동이 여러분의 교실에서도 맞이할 수 있는 것인가를 고려해 보라.

첫째, 성장 마인드셋을 가진 운동선수들은 최고의 수행을 위해 연습을 하고 시연을 하는 것에서 기쁨을 얻는다. 둘째, 그들은 실패와 좌절을 개선하기 위해 약점 영역을 향해 날아가는 화살로 간주한다. 그리고 끝으로, 그들은 다른 요인들을 비난하기보다는 자신의 수행을 통제할 수 있는 자기통제력을

갖고 있다고 인식한다. 이러한 연구결과는 어느 영역에서 성공적이란 것이 무엇을 의미하는가에 관한 우리의 신념 토대가 되어야 한다.

더욱이 개인의 **내적 독백**(internal monologue)은 분명히 자신의 마인드셋을 나타낸다. 성장 마인드셋을 가진 사람은 수학 시험에서 어떤 문제를 맞히지 못했을 경우 오답을 한 것에 대해 자기 자신을 책망할 수도 있지만, 다음 시험에서 실수를 반복하지 않기 위한 방법을 노트에 적기도 한다. 좋은 성적을 얻기 위해서는 그가 '얼마나 영리한가'에 달려 있는 것이 아니다. 그것은 그가 실수를 범했고, 실수란 개선의 여지가 있다는 것을 인정하는 데에 달려 있다. 나는 내적 독백을 자존감을 나타내 주는 것으로 생각한다. 가끔은 나의 내적 독백이 나의 불안을 표현하기도 하고 경이로움을 선언하기도 했다. 여러분의 내적 독백을 바꾼다는 것은 또 다른 수준의 힘든 일이다. 부정적 목소리를 잠재우고 논평을 보다 생산적인 것으로 만들기 위해서는 엄청난 노력이 요구된다. 이러한 노력을 위한 연습은 이른 시기에 그리고 정기적으로 반복해서 의도적으로 가르쳐져야 한다.

이러한 가르침은 실제로 행하기가 매우 쉽다. 여러분은 프로젝트, 시험 및 다른 큰 과제를 제시한 후 학생들의 수행에 대한 **피드백** 절차를 마련하기만 하면 된다. 학생들에게 그들이 자신의 성적과 피드백에 대해 어떻게 느끼고 있는가를 설명하도록 해 보라. 그런 다음 자신들이 성적을 얻기 위해 무엇을 했고 어떤 통제를 하였는가를 확인하도록 하라. 또한 자신들이 무엇을 통제할 수 없었는가를 알아보도록 요구하라. 이는 중요한 것이다. 학생들이 파트너와 함께 그들이 성찰한 것을 토론하기 위한 시간을 마련하라.

여러분은 학생들에게 이러한 토론을 하는 방법을 훈련시켜야 한다. 학생들은 눈 마주침을 하면서 대화하는 에티켓을 연습할 수 있도록 서로서로 얼굴을 쳐다보고 무릎과 무릎을 맞대야 한다. 파트너 1은 자신의 성찰을 설명하고, 파트너 2는 경청한다. 그런 다음 파트너 2는 파트너 1이 과제를 준비하면서 통제할 수 있었던 것과 통제할 수 없었던 것이 무엇인가에 특별히 반응을 보인다. 다음 대화를 보자.

> **파트너 1:** 나는 내 점수에 만족해. 여하간 나는 시험에 통과했단 말이지. 지난밤에 친구 집에 가서 공부했을 때 나는 친구의 도움을 좀 받아 공부하는 것을 통제할 수 있었어. 내가 통제하지 못한 것은 부모님께서 저녁을 먹어야 하고 여동생의 무용 발표회를 봐야 하니 집에 돌아오게 한 것이었어. 난 내 친구와 좀 더 공부하고 싶었는데 말야.

그는 자신의 기분이 어떠한지부터 시작해서 그가 어떻게 준비했는가와 관련하여 통제할 수 있는 것과 통제할 수 없는 것을 설명하고 있다.

파트너 2: 네가 점수에 만족한다니 참 좋아. 기분이 좋겠구나. 네가 함께 공부할 수 있는 친구가 있다는 것은 좋은 일이지. 발표회는 뭔데? 네가 집에 가야 할 때 얼마나 더 공부해야 됐는데?

파트너 2는 파트너 1의 기분을 인정하면서 명료화하기 위해 질문을 하고 있다.

파트너 1: 응, 우린 공부해야 할 것이 많았어. 게다가 우리는 페이스타임(FaceTiming) 웹을 통해 타일러와 얼굴을 바라보는 데 정신이 팔려 있었지. 그런데 여전히 나는 집에 갈 준비가 되어 있지 않았어.

파트너 2: 그렇구나. 듣고 보니 네가 페이스타임을 보고 원했던 시간보다 일찍 집에 가야 했기 때문에 공부할 시간이 충분하지 않았던 것 같아. 맞니?

파트너 2는 이슈가 되는 것을 다시 말하고 있다.

파트너 1: 응, 맞아.

파트너 2: 네가 페이스타임을 보는 데 시간을 빼앗기지 않았더라면 무엇을 할 수 있었겠니? 아니면 네가 여동생의 발표회와 관련하여 계획할 수 있었던 방법이 뭘까?

파트너 2는 해결책을 제시하지 않고 있다는 것에 주목하라. 대신 그는 브레인스토밍 과정을 시도하고 있다. 이렇게 함으로써 파트너 1은 다음을 준비하는 데 다른(바라건대 보다 나은) 선택을 할 가능성이 많다. 왜냐하면 그는 아이디어를 생각해 냈고, 그 아이디어는 그에게 말해지지 않았기 때문이다.

경험의 힘

나는 언제나 낙관주의자로 살아왔다. 어떤 문제든 해결하는 데 어렵지 않다고 보기 때문에 문제를 낙관적으로 보면서 해결책을 찾는다. 문제를 자세히 살피는 것을 간과하지 않으며 문제에 쉽게 주눅 들지 않는다. 이상주의자에서 실용주의자로 전환하여 문제를 해결하는 일에 착수한다. 그러나 나는 이러한 마인드셋의 일을 항상 재미있는 것인 양 가장하고 싶지는 않다. 나는 낙관주의자이면서도 우리의 능력에는 한계가 있다고 믿기 때문에 마인드셋의 개념에 어려움을 겪어 왔다.

학생들이 성장 마인드셋을 갖기를 원한다면
그들에게 낙관주의를 연습시켜야 한다.

우리의 사고는 매우 강력하다. 그것은 당연한 것이다. 만약 내가 책을 쓸 수 있다고 생각하지 않았다면, 여러분은 지금 이 책을 읽어보지 못했을 것이다. 내가 항상 원했던 복근을 얻을 수 있다고 생각하지 않았다면, 나는 운동을 하지 않았을 것이다. 차이점은 생각하는 것만으로는 그런 일이 일어나지 않는다는 것을 내가 이해하고 있다는 사실이다. 슬프게도 난 지불해야 할 대가와 기울여야 할 노력이 있다는 것을 안다. 그리고 항상 원했던 복근을 얻지 못할 기회도 있다는 것을 안다. 그 이유가 뭘까? 내가 피자와 케이크를 너무 좋아하기 때문이고, 때때로 운동하는 대신에 TV를 더 많이 보고 싶어하기 때문이다. 나는 긍정성은 있을지 몰라도 그릿은 없다. 이 지점이 바로 교사들(그리고 개인 트레이너들)이 주목해야 하는 지점이다.

우리는 학생들이 성장 마인드셋을 갖기를 원한다면 그들에게 **낙관주의**를 연습시켜야 한다. 이것은 여러분이 무엇보다도 학습경험을 중시하는 교실풍토를 조성하기만 한다면 가장 쉬운 일이다. 잠시 '학습경험'이란 문구를 생각해 보자. 한 전형적인 교사는 이 문구에서 중요한 단어가 '학습'이라고 제안할 것이다. 그러나 전형적이지 않은 여러분은 그 문구의 가장 중요한 부분은 '경험'이라는 것을 안다. 실존주의에 빠질 위험성이 있긴 하지만 난 우리가 이 행성에 있는 다른 이유가 무엇인지 묻고 싶다. 그것은 살기 위한 것이고 경험하기 위한 것이다. 그렇지 않은가?

일단 교사로서 여러분이 경험에 절대적 가치를 둔다면 더 이상 긍정적이거나 부정적으로 범주화할 필요가 없다. 그 경험으로부터 무엇을 느꼈고 무엇을 배울 수 있는가가 중요하다. 일단 학생들에게 자신들의 경험은 독특한 것이라는 점을 확신시켜 주면, 학생들은 자신이 경험하는 모든 것이 중요하다는 것을 알게 될 것이다. 각각의 도전은 특수한 경험이 될 것이므로 환영받아야 한다. 각각의 실패는 특별한 성장을 가져올 것이므로 수용되어야 한다. 나는 이것이 드웩 연구의 핵심이자 성장 마인드셋을 키우기 위한 키포인트라고 생각한다.

동기와 목표지향성

여러분의 학생들이 좀 더 동기부여되길 원한다면 손을 들어보라. 그렇다. 나도 역시 여러분들처럼 학생들이 좀 더 동기부여되길 원한다. 초임교사 시절, 나는 알피 콘(Alfie Kohn, 1999)의 《보상에 의한 처벌(Punished by Rewards)》을 읽고 저자의 생각과 센스를 좋아하게 된 적이 있다. 저자는 교육심리학자인 존 니콜스(John Nicholls)와 읽기 인센티브 프로그램의 효과에 관해 대화를 나눈 이야기를 했다. 니콜스는 한 패스트푸드 레스토랑이 후원한 읽기 인센티브 프로그램을 통해, 읽기를 좋아하는 젊은이를 만드는 것이 아니라 먹는 것을 좋아하는 젊은이를 만들었다고 하였다. 콘(1999)은 이러한 인센티브에 대한 니콜스의 비판을 학업성취와 연결된 모든 인센티브의 위험성으로 확대하였다. 그의 책은 학생들을 어떻게 동기화시켜야 하는가에 대해 자세히 다루고 있다. 그는 칭찬 스티커와 같은 보상 따위의 **외재적 동기**보다는 스스로 즐길 수 있게 만드는 **내재적 동기**가 필요하다고 주장한다. 그러면서 교육 현장에서는 학생 상호 간의 협력(collaboration), 학습내용(content)의 이해와 배움의 즐거움, 그리고 선택(choice)과 자기통제에 중점을 두어야 한다고 제안하였다.

나는 콘의 제안을 좀 더 확대하고 싶다. 나는 콘이 제안한 동기의 3C에 초점을 두었던 교사였지만, 내가 여전히 도달할 수 없는 학생들이 있었다. 알다시피 동기는 다루기 힘든 미묘한 것이며, 교실이라는 환경은 학생의 행동에 영향을 미칠 수 있는 엄청난 변인들이 있다. 우리가 그 많은 변인을 통제할 수는 없지만 이해할 수 있다.

목표지향성(goal orientation)은 동기에 영향을 미치는 많은 변인 중 하나이다. 목표지향성은 도전에 대해 느끼는 방식과 성공을 정의하는 방식으로 간주할 수 있다. 우리의 감정과 정의가 서로 상호작용하여 목표에 접근하거나 회피하는 방식에 영향을 끼친다. 그것은 실제보다 더 복잡하게 들린다.

**목표지향성은 도전에 대해 느끼는 방식과
성공을 정의하는 방식으로 간주할 수 있다.**

예를 들어, 아버지가 여름 배구 시험을 위해 새로운 학교에 데려다 준다고 상상해 보자. 우리는 운동을 잘 안 했지만, 아버지는 이게 우리의 일이라고 생각한다. 그는 아버지이기 때문에 우리는 그를 믿고 최선을 다해 숨겨진 배구 재능을 발휘하기로 마음먹은 뒤 체육관으로 들어간다. 이 시점에서 우리는 성공하

고 팀을 만드는 데 집중한다. 코치가 우리에게 어떻게 동기를 부여할까? 코치는 우리의 자세를 교정하고, 보다 강하게 서브를 넣으라고 지도하며, 긍정적 강화를 거의 주지 않을 수도 있다. 코치는 팀을 위해 최고의 선수를 찾고 있으며 우리가 그 최고 선수로서의 기량을 갖고 있는가를 확인하고 싶어 한다.

시간이 좀 지나면 스스로가 배구에 재능이 없다는 것을 깨닫고 실패를 회피하는 데 주된 초점을 두게 된다. 우리는 뼈가 부스러지는 것을 원치 않으며 또 자신을 당황하게 하고 싶어 하지 않는다. 이제 코치가 여러분에게 어떻게 동기를 부여할까? 코치는 우리를 비슷한 능력을 가진 사람과 묶어 파트너로 삼게 하고, 한 번에 한 가지 기술만 코치하며, 우리의 긍정적 태도에 대해서도 칭찬을 할 것이다. 코치는 팀을 위해 노력하는 모든 사람이 게임에 대해 무언가를 배우고, 우리가 팀을 만들든 말든 거기에 속해 있고 위험을 감수하는 것에 대해 좋게 느끼기를 원한다.

우리는 학생들이 실패를 회피하기 위해서가 아니라
성공을 달성하고자 하는 욕구를 갖고 그들의
목표에 접근하기를 원한다.

수업 시간에 보면 이러한 두 유형의 학생들이 있지 않은가? 최선을 다하고자 하는 학생들도 있고, 다만 생존하기를 원하는 학생들도 있다. 이러한 목표에 관한 두 신념을 살펴보라. 뭔가를 성취하는 데 초점을 맞춘 목표를 설정하는 사람들이 있다. 이러한 성취는 그들의 성공과 같은 것이다. 반면, 실패를 회피하는 데 초점을 맞춘 목표를 설정하는 사람들도 있다. 여러분이 그릿과 마인드셋에 관해 알고 있는 것에 비추어 볼 때 여러분은 학생들에게 격려하고 조장하고 싶은 것이 어떤 것이라고 생각하는가? 우리는 학생들이 실패를 회피하기 위해서가 아니라 성공을 달성하고자 하는 욕구를 갖고 그들의 목표에 접근하기를 원한다. 그러나 배구 시나리오에서 회상할 수 있듯이 학생들은 모두가 이런 식으로 우리에게 오지 않는다. 코치처럼 교사인 우리도 모든 학생을 효과적으로 동기부여할 수 있도록 이러한 차이를 인정할 필요가 있다.

이해하기 위한 또 다른 구성요소는 학생들이 성공과 실패를 보는 방식에 영향을 미치는 **숙달지향성**(mastery orientation) 혹은 **수행지향성**(performance orientation)을 가질 수 있다는 것이다. 숙달지향성을 가진 학생은 자기 자신을 그 이전의 수행과 비교하여 성공을 정의한다. 이런 학생은 자신의 기능에 대해 분명하게 이해하고 있으며 개선에 초점을 둔다. 수행지향성을 가진 학생은 자신을 다른 사람의 성취와 비교함으로써 성공을 정의한다. 이런 학생은 가장 창의적인 아이디어, 가장 빠른 속도 등 최상급을 원한다.

두 지향성 간의 구분은 까다롭다. 왜냐하면 우리의 뇌는 이 두 가지를 긍정적이고 부정적인 행동으로 구분하고 싶어 하기 때문이다. 나는 숙달지향성이 자기성장에 초점을 두기 때문에 수행지향성보다 더 낫다는 신념에 기울여져 있지만 명확하지는 않다.

수행지향성을 가진 사람은 경쟁적인 환경에서 성장하며 자신의 성공을 통제하고 있다고 믿는다. 그러한 것들은 어떤 장면에서 긍정적 자질이 된다. 숙달지향성을 가진 사람은 자신의 완전한 잠재력에 도달하지 않을 수도 있다. 왜냐하면 그는 성공을 자신의 이전 성취에 비추어 측정하고 있기 때문이다. 그는 자기 자신을 제한할 수 있기 때문에 그것은 긍정적인 자질이 못 된다. 또 명심해야 할 것은, 마치 우리가 이것을 더욱 까다롭게 만들 필요가 있는 것처럼, 사람은 모든 영역에서 항상 한 가지 지향성만을 가지는 것은 아니라는 점이다. 사실 이런 것들을 끊임없이 진화하는 연속체로 생각하는 것이 더 낫다. 〈표 3〉은 학생들에게 숙달지향성과 수행지향성이 어떻게 나타날 수 있는지 보여 주고, 〈표 4〉는 이들 학생을 지지해 주는 방법을 나타내고 있다.

〈표 3〉 학생들의 숙달지향성과 수행지향성

숙달지향성	수행지향성
• 아나스타샤는 책을, 특히 역사소설 책을 열심히 읽는다. • 마크의 담임교사는 그를 행복하고 열심히 공부하는 사람으로 묘사한다. • 조지아는 자신의 성적에 별로 신경 쓰지 않으며, 종종 자신의 점수가 매겨진 과제를 교실에 두고 가곤 한다. • 엘라이나는 너무 쉽다고 생각하는 과제에 저항하며, 그런 과제를 하는 것을 불평하거나 거부할 수 있다. • 칼은 이야기가 있는 수학문제에 대해 설명하는 것을 좋아하며, 창의적인 해결책을 내놓는다.	• 젠은 주말에 학업적 경쟁을 추구한다. • 보비의 교사들은 그를 규칙을 잘 따르고 좋은 학생이라고 묘사한다. • 로렌은 자신의 점수에 큰 관심을 보이며 A보다 낮은 점수를 받을 때는 종종 울기도 한다. • 프랭크는 사실을 기억할 수 있지만 심층적인 이해를 증명해 보라고 요구를 받으면 어려움을 겪는다. • 타티아나는 교실 벽의 수학 차트에 자신의 스티커가 늘어나는 것을 좋아하며, 그에 대해 크게 신경을 쓴다.

〈표 4〉 숙달지향성과 수행지향성을 가진 학생들을 지지하는 방법

숙달지향성의 학생을 지지하기	수행지향성의 학생을 지지하기
다음과 같이 학생들이 반복하기를 원하는 행동을 보상하라. • 학업적으로 뛰어난 성취를 위한 추구 • 학업적 경쟁에 대한 건전한 관점	다음과 같이 학생들이 반복하기를 원하는 행동을 보상하라. • 학업적인 위험 감수 • 또래들에 대한 긍정적 지원 • 자기훈육

그렇다면 여러분은 무엇을 해야 하는가? 여러분은 학생들

을 알아야 한다. 이것은 많은 노력을 요하지만, 그만큼 큰 보상을 가져다준다. 여러분이 그들에게 관심을 갖고 있다는 것을 학생과 그의 부모들이 진정으로 믿는다면, 그들은 여러분을 위해 훨씬 더 열심히 할 것이다. 그러면 여러분은 학교 문을 통과하자마자 교사로서의 모습을 보이며 행동을 한다. 교실 문에서 학생들과 눈 맞춤을 하고, 미소를 띠고, 포옹을 하고, 하이파이브를 하며, 혹은 악수를 하면서 인사를 나눈다.

한가한 시간에 여러분은 학생들의 관심사를 찾아 그들과 공유한다. 예를 들어, 지미가 포켓몬(Pokemon, 역주: 포켓몬스터의 약칭으로, 일본의 전자 게임 메이커인 닌텐도가 개발한 비디오 게임)에 관심이 있다면, 여러분은 항상 피카추(Pikachu, 역주: 포켓몬 게임 속 캐릭터 중 하나로 작고 앙증맞은 노란 몸에 빨간 두 뺨을 하고 있는 햄스터도 아니고 그렇다고 토끼도 아닌 귀여운 생명체로, 막강하고 심지어 귀엽고 사랑스럽기까지 해서 미키마우스만큼이나 친숙하고 전 세계 아이들의 인기를 끌었음)에 대해 페이스북에 게시하고 있는 고등학교 친구에게, 지미한테 무슨 말을 하면 좋을지 알려달라고 메시지를 보낸다. 지미는 여러분이 말하고 있는 것에 별로 신경을 쓰지 않을 수도 있다. 지미는 여러분이 무슨 말인지 알든 모르든 상관 안 한다. 그는 포켓몬과 관련해서는 여러분이 그의 밑에 있는 것처럼 바라볼 수도 있지만(실제로 포켓몬 세계에서는 그럴 수 있다), 여러분이 신경을 쓰며 노력하고 있는 점에 감사해 할 것이다.

가능하다면 학생들의 음악 공연, 스포츠 행사 또는 종교 의식 중 하나에 잠깐 들러보라. 그러면 그들은 여러분을 영원히 사랑할 것이다. 이렇게 하기 힘들다면 교실의 게시판에 전시할 수 있도록 학생들이 행한 일들을 찍은 사진을 요청해 보라. 많이 웃어주고, 할 수 있을 때 재미있게 굴어라. 학생들의 생일 말고 다른 의미 있는 순간을 축하해 주어라. 여러분이 정말 학생들에게 신경을 써야 하는 유일한 사람일 수 있다는 것을 기억해야 한다. "난 널 이해해."는 강력한 메시지이며, 대부분의 사람들이 듣길 원하는 것이다.

이것은 여러분이 연마해야 할 기술이다. 확실히 여러분은 어느 한두 가지의 내용 영역에 전문성을 가진 교사이지만, 학생들에게 있어서 전문가이기도 하다. 경험을 중시하는 학습공동체를 만들고, 학생들의 요구는 그들만큼이나 다양하고 독특하다는 것을 인정해야 한다. 학생들에게 위험을 감수하는 수업을 설계하고, 그들에게 자신의 열정을 발견하도록 이끌어 보자. 그러면 정말 최선을 다해 행하고 있다는 것을 인식하며 매일 밤 잠자리에 들 것이다.

마지막 생각

난 살면서 계속 실패했지만 다시 계속해서 했다. 그것이
내가 성공한 이유다.

- 마이클 조던(Michael Jordan)

내재적으로 우리는 긍정의 마인드셋이 막강한 힘을 갖고
있다는 것을 알고 있다. 교사로서 우리는 학생들에게 약간의
격려의 말을 해 줘도 그들이 활발하게 움직인다는 것을 봐 왔
다. 그러나 오늘날은 또한 학생들이 스스로를 신뢰하도록 도
와주어야 하는 일을 해야 한다는 것을 뒷받침해 주는 연구결
과와 과학적 근거가 많다. 여러분이 매일 걷고 있는 줄타기는
모든 학생을 격려하기 위한 것이다. 우리는 학생들의 동기를
유발하는 방법을 모색하고, 그들이 언제 어디서 좌절하는가를
알기 위해서 숙달지향성과 수행지향성에 대한 지식과 이해를
활용할 수 있다. 끝으로, 우리는 열심히 하는 것이 습관화되도
록 노력할 필요가 있다. 목표를 높이 세우고 저 멀리 서 있어
라. 그러면 학생들은 거기서 여러분을 만나게 될 것이다.

고정 마인드셋 ◄·······················► 성장 마인드셋

[그림 7] 성장 마인드셋의 연속체

1. 마인드셋의 관점에서 여러분의 학교문화를 평가해 보라. 여러분은 [그림 7]의 연속체에서 어디에 속하며, 이것이 여러분의 학생과 교직원들에 대해 의미하는 바가 무엇인가?
2. 협력, 학습내용, 그리고 선택에 중점을 둠으로써 학생들의 동기를 유발해야 한다는 콘(Kohn, 1999)의 제안에 대해 생각해 보라. 이 세 가지 영역 중에서 여러분이 초점을 두어야 할 것이 무엇이며, 구체적으로 어떻게 할 것인가?
3. 성장 마인드셋과 고정 마인드셋에 관해 생각해 보라. 각 범주에 속하는 여러분의 학생들에 대해 기술하고, 그 학생들에 대해 각각 어떻게 접근하고 동기를 유발할 것인지 논의해 보라.

제5장
학생들의 열정 키우기

　몇 년 전에 여러 친구들과 저녁식사를 함께 했는데, 한 친구가 우리 모두에게 각자 갖고 있는 열정 세 가지가 무엇이냐고 물었다. 세 가지?!? 나는 너무 많아서 중요한 세 가지를 결정할 수 없었다. 나의 열정에 대한 열의는 자주 바뀌었기 때문에 그날 저녁시간은 내가 이 세 가지 열정에 의해 앞으로 영원히 기억될 만한 자리였다. 패닉에 빠진 것은 나 혼자였다. 그런데 잠시 후 나는 몇몇 친구들이 세 가지 열정을 대느라 힘들어하고 있다는 것을 발견하였다. 그들은 세 가지가 아닌 한두 가지의 열정만 갖고 있는 듯했다. 열정은 알지 못하는 사이에 '전문가'가 될 수 있도록 해 주기 때문에 매우 이해하기 어렵고 도발적인 주제이다. 난 열정이 그릿의 중요한 요소라는 것을 알고 있다. 그래서 열정은 무시하기엔 너무나 중요한 것이다.

이 장에서는 **표준화검사**와 **학교기금조성**의 시대에 학생들의 열정을 키우기 위한 아이디어를 탐색해 보려 한다.

열정은 그릿의 중요한 요소이다.

그래서 열정은 무시하기엔 너무나 중요한 것이다.

여러분이 성취하기 위해 열심히 했던 것, 집중을 유지하기 위해 어느 정도의 열정이 필요했던 것에 대해 잠시 생각해 보자. 여러분은 이러한 성취를 레너드 코헨(Leonard Cohen)이 노래 가사 쓰기를 다음과 같이 설명했던 것처럼 기술할 것이다. "가사 쓰기는 신비한 과정이고, 인내와 땀을 수반하고, 때로는 어떤 은총으로 무언가가 눈에 띄며, 글을 다듬거나 생기가 넘치도록 하게 만든다"(Boyd, 2016, para. 2 재인용). 문제는 열정이다. 열정은 신비하며 말로 표현하기가 정말 어려운 것일 수 있다. 그러나 나는 열정에 대해 설명해 보고자 한다.

코헨은 자신의 창조적 과정에 대해 더 질문을 받자 좀 더 자세히 들어가기를 꺼려했다. 그는 "창조적 과정은 신성한 역학이고, 다시는 한 줄도 똑같이 쓰지 않을 것이기 때문에 글을 주의 깊게 분석해야 한다. 그 과정을 너무 깊이 들여다보면 결국 마비 상태에 빠지게 될 것이다."(Boyd, 2016, para. 2 재인용) 라고 말했다. 이는 빌리 콜린스(Billy Collins, 1996)의 시를 떠올리게 한다. 그는 진짜 뜻이 무엇인지 캐내기 위해 호스로 시를 후려치고 있는 독자(아마도 교사?)를 묘사하고 있다. 코헨과 콜린스는 모두 열정은 수수께끼 같고 훌륭하다는 생각을 했다. 그래서 마비되거나 구타당하지 않고 열정적인 학생들을 양성하는 것이 무엇을 의미하는지 생각해 보자.

하지만 먼저 여러분의 교실에서 직면해 있는 달갑지 않은 두 가지 문제, 즉 표준화 학력검사와 자금부족에 대해 얘기해 보자. 난 여러분이 해야 할 일이 너무 많다는 것을 알고 있다. 표준화 학력평가에서 여러분의 학생들이 받은 점수에 의해 여러분의 봉급이 결정될지도 모른다. 열정을 키우는 것은 고사하고 교과 내용을 가르칠 재료도 없을지도 모른다. 여러분은 교육과정을 결정하기 위한 자율권을 가지고 있지 못하다고 느낄 수도 있다.

여러분은 지쳐 있지 않은가? 사무 처리와 책무성, 그리고 교사에 대한 감사와 존중의 결핍 등으로 소진되어 있지 않은가? 간혹 교사직을 얼마나 오래 할 수 있을지 생각해 보지 않는가? 이 모든 게 사실이라면 무엇보다도 학생들에게 열정을 키우는 것이 여러분이 교사로 다시 시작할 수 있는 방법이다. 열정적인 사람들은 생기가 넘치고 **몰입**을 잘한다. 그들은 주변에 두고 싶은 재미난 사람들이다. 그러나 이 외에도 열정적인 사람들의 장점이 너무 많다.

크리스 해드필드(Chris Hadfield)는 우주비행사로 은퇴한 캐나다인으로, 정말 환상적인 인물이다. 그는 두 번이나 우주비행을 했지만, 또한 소셜 미디어 슈퍼스타이고 작가이고 코미디언이며 음악가이다. 진지하게 그를 우러러보라. 그는 분명히 열정에 있어서 이방인이 아니다. 그는 우주비행을 갔을 때 레딧(Reddit, 역주: 영어권 SNS 게시판 서비스)을 통해 동료들과 소통을 하였다. 해드필드는 젊은이들에게 다음과 같은 조언을 하였다.

> 먹는 것에서부터 오늘 밤에 하는 일까지 당신이 하는 모든 결정은 자신이 누구인지 내일, 그리고 그다음 날에 바꾸어 준다. 당신은 어떤 사람이 되고 싶은지 생각해 보고, 그러한 사람이 되도록 자기 자신을 조각하기 시작하라. … 당신이 되고 싶지 않은 성인이 되도록 삶을 함부로 살지 말라(Kantrowitz, 2013, para. 8 재인용).

해드필드는 동료들에게 의도적으로 선택을 하고, 자신의 꿈을 이루는 데 도움이 되는 흥미를 추구하라고 격려하였다. 또한 우리가 되고자 원하는 사람이 누구인지 스스로 결정할 수 있으며, 지금의 자신의 존재에 대한 책임은 궁극적으로 우리 자신에게 있다고 말했다. 이 얼마나 훌륭한 조언인가? 여러분은 교단에 선 이후 지금까지 이와 같은 내용의 말을 학생들에게 한 적이 있는가? 여러분이 말한 적이 있다는 걸 알지만, 사실 해드필드의 조언은 개인적인 흥미와 열정에서 비롯된 것이며 그 흥미와 열정이 모든 차이를 만든다. 나는 표준화 학력 검사와 자금부족이라는 장애물에도 불구하고 우리의 교실에서 이와 똑같은 일을 행할 수 있다고 생각한다. 우리의 학생들에게 의도적으로 열정을 키워 줌으로써 재미를 되찾고, 그들이 책임감과 그릿이 강한 사람이 되도록 하는 우리의 임무를 계속 수행할 수 있다.

여러분의 열정을 따르지 말라. 그래, 여러분은 정확하게 읽어야 한다.

이 장의 제목에 있는 '키우기'란 말에 주목해 보자. 그것은 '찾거나' '따르는' 것이 아니다. 조지타운대학교 교수이자 작가인 칼 뉴포트(Carl Newport)는 이것이 중요한 이유를 "왜 '여러분의 열정을 따르는 것'이 나쁜 조언인가"라는 그의 2012년 CNN 기사에서 설명하고 있다. 본질적으로 뉴포트는 열정은 어느 날 갑자기 깨어난 것이라든지 번개처럼 여러분을 때리는 것이 아니라고 주장하였다.

무엇보다도 뉴포트(2012)는 자신의 일을 즐기는 사람, 그리고 자신을 직업에 열정을 가진 사람으로 묘사하는 사람들은 유능감, 존중, 자율성, 창의성, 영향의식을 갖고 있다고 하였다. 그들의 '열정'은 이러한 것을 각각 규칙적이고 확실하게 경험하는 것에서 나온다. 그러므로 이러한 특성이 여러분의 교실에서 어떻게 강조될 수 있는가에 대해 이야기해 보도록 하자.

유능감

　유능감(competence)을 충분히 느끼고 싶어 하는 것은 인간의 본성이다. 배우자에 대해서든, 하는 일에 대해서든, 자녀에 대해서든 간에 여러 면에서 유능감을 느끼고 싶어 한다. 우리는 실패처럼 느끼고 싶어 하지 않으며, 이는 학생들도 마찬가지이다. 학생들에게 실제로 성공을 느끼고 정기적으로 유능함을 느끼기 위한 기회를 제공해 주는 것은 중요하다.

　최근에 나는 나보다 훨씬 더 많은 경험을 가진 사람과 함께 일했다. 그녀는 우리의 직업이 수반하는 것에 대한 비전을 가진 위대한 작가였다(나와는 반대로 그녀는 일이 잘 풀렸다). 이것은 내가 최고로부터 배울 수 있는 훌륭한 기회였지만, 그렇게 잘 풀리지는 않았다. 인정을 받기 위해 내가 그녀에게 써서 제출했던 모든 것이 산산조각이 났다. 그녀는 내가 어떻게 글을 개선할 수 있는지에 대한 그녀의 제안을 열심히 검토하기 위해 정기적으로 나를 부르곤 했다. 본질적으로, 그녀는 나의 말을 그녀의 말투로 바꾸었다. 나는 그녀에게서 배울 점이 많다고 생각했지만, 글쓰기 스타일이 주관적이고 그녀가 선생님에서 단어 살해범으로 넘어 가고 있다는 것을 알 수 있을 만큼 충분히 그녀와 함께 오래 지냈다. 몇 개월 만에 나는 그녀에게서 배우기 위해 나의 압도적인 무능감이라는 감정을 지나칠 수 없었다. 대신, 나는 그녀의 사무실로 불려갔고, 잔뜩 긴장했으며, 나의 말과 자신감을 억누르고 참아야만 했다. 나는 비참했다. 그리고 짐작하겠지만 비참함은 열정을 키우는 데 이상적이지 않다.

학생들이 유능감을 가질 수 있도록 학습경험을 만들어라.

여러분은 비고츠키(Vygotsky)의 **근접발달영역**(Zone of Proximal Development: ZPD)을 기억하는가. ZPD는 오늘날 우리가 **비계설정**(scaffolding)이라고 생각하는 것이다. 여러분은 어떤 학생이 혼자서 행할 수 있는 것을 초월하여 학습경험을 설계하지만 성공을 달성하는 데 필요한 지지를 제공한다. 근접발달영역은 아이의 능력과 기술이 발달함에 따라 계속해서 이동한다. 여러분이 수업을 설계하고 그 수업 목표의 유능성을

발달시키는 것에 초점을 둘 때 이러한 영역을 고려하라. 첫 번째 단계는 학생들이 알고 있는 것이 무엇인지 파악하는 것이다. 이를 위해 학생들에게 주제에 대해 알고 있는 바를 기술하게 하거나 보다 공식적인 사전평가를 실시할 수 있다. 이러한 과정은 수업의 세세한 내용이 아니라 수업의 주요 목표에 중점을 두어야만 한다. 본질적으로 학생들이 지금으로부터 10년간 수업에 관해 기억하기를 원하는 것을 고려하라. 즉, 여러분이 평가할 때 학생들이 알고 있어야 하는 것에 중점을 두어야 하는 것이다.

무엇보다도 학생들이 유능감을 가질 수 있도록 학습경험을 만들어야 한다. 이것은 학생들이 목표를 숙달할 때 트로피를 나눠주거나 여러분이 가르치는 내용을 줄여야 한다는 것을 의미하는 것이 아니라, 모든 학생들이 교실에서 존재감과 유능감을 갖도록 하기 위한 여지를 두어야 한다는 것을 의미한다.

존중과 자율성

수업의 첫날부터 **존중**(respect)의 문화를 조성하기 시작하라. 확실히 여러분은 절대적인 보스이지만, 학생들과 그들의 의견을 중요시한다는 것을 보여 줄 필요가 있다. 여러분은 학생들을 인간으로서 존중하고, 그들이 여러분이 좋아하는 만큼이나 여러분의 수업이나 가르치는 내용 혹은 여러분을 좋아하지 않을 수도 있다는 것을 수용해야 한다.

우리는 또한 학생들이 **자율성**(autonomy), 책임 및 자기통제에 중점을 두는 교실을 만들어야 한다. 얼핏 보면 이것들은 열정과 직접 관련이 없는 것처럼 보이지만, 프로듀서들에 의해 고통스러울 정도로 세심하게 관리되며 자율을 허용하지 않는 환경 속에서 열정을 키우기 위해 노력했던 밥 딜런(Bob Dylan, 역주: 미국의 가수이자 작곡가이며 시인으로, 1960~70년대 정치적이면서도 시적인 가사와 포크 음악으로 큰 반향을 일으켰으며, 미국 포크 음악에서 빼놓을 수 없는 가수이자 대중음악계에 큰 영향력을 끼친 인물로 평가받고 있음)을 생각해 보라. 또는 관대한 멘토의 보호 아래 프랑스 요리를 익혔던 줄리아 차일드(Julia Child, 역주: 6년간 파리에 체류하면서 6개월간 코르동 블뢰 요리학교를 다녔고 일류 요리사인 막스 뷔냐르에게 사사를 받은 후, 미국으로 건너가 〈줄리아 차일드와 손님접대〉와 같은 요리 프로그램을 통해 프랑스 전통요리를 텔레비전을 통해 널리 전수한 것으로 유명함)를 생각해 보라. 열정은 즐거움과 밀접한 관련이 있으며, 압박을 느낄 때 즐거움을 경험하기란 거의 불가능하다.

학생들에게 선택의 기회를 주어라.

물론 자율성은 학생들의 연령에 따라 다르게 보이지만, 일부 권한을 넘겨줄 방법을 좀 찾는 것이 매우 중요하다. 나는 수년 동안 다양한 방법으로 권한을 넘겨주는 것을 시도해 왔다. 내가 함께 일했던 학생들에 따라 어떤 시도는 다른 시도보다 성공적이었다. 나는 학생들을 정해진 자리에 앉도록 한 경우가 드물며, 그들이 앉기로 선택한 곳에서 좋은 선택을 할 것이라고 기대했다. 어느 해에는 수업 중에 화장실을 이용하기 위한 통과증을 만들었다. 그것은 학생들이 나의 허락을 구하는 대신에, 그들이 통과증에 서명하여 화장실을 다녀오게 하는 것이었다.

나는 내 수업을 **혼합형 학습**(Blended Learning)으로 구조화했을 때 개별화 교육과정에서 가장 효과적이었다. 혼합형 학습이란 면대면 수업과 온라인 수업을 결합한 것이다. 그것은 많은 활동 계획과 사전자료(그리고 테크놀로지)를 필요로 하지만, 학생들이 그들의 학습을 통제할 때 생생함을 주는 마법과 같은 것이다.

나는 학생들에게 과제를 줄 때 거의 언제나 선택의 기회를 준다. 학생들이 교실에서는 쓰기 공부를 그리고 집에서는 읽기 공부를 원할 경우, 그들이 토론을 위해 준비가 되어 있는 한 이를 허용하였다. 그들에게 과제의 난이도를 고려하여 선택하게 하였다. 그들에게 난이도 순서로 배열한 다음 고르라고 말했다. (학교에서 고군분투하는 학생들이 가장 어려운 것을 선택하는 경우가 더 많았다. 그들은 그저 성공하고 자신이 똑똑하다는 것을 증명하고 싶어했다. 여러분은 내가 그들과 긴밀히 협력해서 그런 일을 해냈다는 것을 확신할 수 있을 것이다.) 여기서 여러분은 학생들에게 **선택의 기회**를 주라는 아이디어를 얻었을 것이다.

창의성

우리가 자율성을 갖고 존중을 받게 되면 창조하고자 하는 자유를 갖게 된다. 우리는 문제를 해결하기 위한 새로운 방법을 떠올릴 수 있고, 해결해야 할 새로운 문제를 제안할 수 있다. 그래서 여러분이 교실의 힘의 균형을 약간 조정하면, 학생들에게 창조하는 데 필요한 여지를 이미 만들어 주는 셈이 된다.

열정을 키우는 환경을 조성하기 위한 다른 원리들처럼 **창의성**(creativity)도 교육과정에 불어넣어져 있어야 하며, 하나의 확장 활동으로 수업 말미에 붙어 있는 것이어서는 안 된다. 창의성은 또한 연필로 선택적으로 표시해서 평가되는 것이 아니다. 그것은 열린 형태의 응답을 요구하기 때문에 학생들이 어떤 개념을 완전히 이해하고 있는가를 증명할 수 있는 방법에 있어서 선택의 기회를 주어야 한다.

창의성은 교육과정에 불어넣어져 있어야 하며, 하나의
확장 활동으로 수업 말미에 붙어 있는 것이어서는 안 된다.

창의성은 또한 **확산적 사고**(divergent thinking)이다. 학생들에게 어떤 문제 – 수학, 역사, 과학, 미술, 문법, 음악 등 – 를 주고 그것을 해결하기 위한 많은 가능한 방법을 생성하도록 하라. 이것은 학생들로 하여금 새로운 사고를 하도록 이끈다. 나는 100일 프로젝트(Luna & The Great Discontent, 2017)의 아이디어를 좋아한다. 학생들은 100일 동안 뭔가를 창조하여 행하기 위해 선택한다. 그들은 100일 동안 매일 노래 가사를 쓸 수도 있고, 새로운 춤을 안무할 수도 있고, 사진을 촬영할 수도 있다. 선택한 매체를 갖고 경험한 것에 의존하여 그들은 100일에 걸쳐 독창성을 유지하기 위해 창의적이어만 한다.

영향의식

영향의식(sense of impact)은 뉴포트(Newport, 2012)가 제안한 속성 중에서 내가 가장 좋아하는 것이다. 여러분은 학생들에게 그들의 행동과 학습이 중요하다는 것을 알게 도와줌으로써 그들의 열정을 자극할 수 있다. **참평가**(authentic assessment, 역

주: 학습자가 배운 지식이나 습득한 기능을 평가할 때 그 지식과 기능이 적용될 수 있는 실제적인 상황과 가장 유사한 맥락 속에서 이를 평가하는 목적을 지닌 평가, 즉 평가 상황이나 내용이 가능한 한 실제 상황이나 내용과 유사해야 함을 강조하는 수행평가 방식의 하나로 실제적 평가라고도 일컬음)는 유행어 이상의 것으로 효과적인 수업 설계에서 빼놓을 수 없는 것이다.

학생들에게 그들의 행동과 학습이 중요하다는 것을 알도록 도와주어라.

솔직하게 말하면, 우리가 행하는 모든 것이 인간성에 큰 영향을 미치는 것은 아니다. 참평가는 **핵심질문**으로 시작한다. 이 질문은 여러분의 수업에 지도 목적을 제공하고 그 중요성에 이르게 한다. 비록 분수에 관한 수업을 하더라도 여러분은 학생들에게 많은 부분이 전체를 창조하는 방법과 각 부분이 중요하다는 것을 이해하도록 실제로 돕고 있는 것이다. 많은 부분이 여러분의 교실/학교/팀 전체를 만드는 부분이라는 것을 이해하는 것은 큰 도약이 아니다. 궁극적으로 참평가, 정점에 달한 활동은 몰두하게 하는 것이어야 하며, 핵심질문과 직

접 관련이 있어야 한다. 학생들을 위해 이와 같은 학습경험을 설계함으로써 여러분은 그들에게 '우리가 이것을 정말 알아야만 하는 이유'와 '아, 이제 알겠어' 순간 사이의 경로를 제공하고 있는 것이다.

디자인적 사고: 참평가의 새로운 물결

디자인적 사고(design thinking)는 참평가에 대한 보다 최근의 입장 중 하나이다. 세계 최고의 디자인 기업인 IDEO(2017)는 디자인적 사고의 단계를 (1) 사람들이 필요로 하는 것을 연구함으로써 영감 모으기, (2) 뻔한 해결책을 초월하여 아이디어 생성하기, (3) 모델을 만들어 분명한 아이디어 만들기, (4) 그 결과를 다른 사람들을 격려해서 행동케 하도록 공유하기 등의 네 단계로 나누었다. 디자인적 사고는 **문제중심학습**(problem-based learning: PBL, 역주: 문제의 핵심을 제대로 파악한 후 이를 논리적으로 이해하고 학습자 스스로 그 해결에 필요한 정보를 발견하게끔 하기 위한 수단/자극으로서 문제를 활용하며 학생들이 스스로 공부하도록 하는 학습과정, 혹은 제시된 상황을 통하여 문제점들을 발견하고 그 해결을 통하여 필요한 지식이나 기술 또는 태도를 배움으로써 앞으로 이와 유사한 상황에 대처할 수 있도록 하는 학습방법)과 유사하다. 그렇지만 디자인적 사고는 해결해야 할 문제나 답해야 할 질문으로 시작하기보다는 오히려 **공감**(empathy)에 바탕을 두고 있다. 여러분은 그 둘 사이에 큰 차이가 없다고 생각할지 모르지만 차이가 있다. 그 주된 차이는 산출물이 영향을 미칠 사람에게 있다. 그것을 중심에 이슈를 가진 웹(web)처럼 생각하고 그 이슈가 그것에 둘러싸여 연루되어 있는 사람에게 영향을 미칠 수 있는 방법을 뇌에 폭풍을 일으키듯 다양하게 떠올려 보라. 잠시 줄을 새치기하는 학생들, 부정행위를 하는 학생들, 타협을 위해 애쓰고 있는 학생들을 생각해 보라. 공감을 여러분의 수업에 장기적으로 합병함으로써 사회적, 정서적 이슈를 다룰 수 있다.

교사로서 여러분은 이 과정에 필수적이지만, 그것은 마법과 관련이 있다. 즉, 여러분은 학생들을 대답으로 이끌어야 하지만 그들에게 대답을 제공해 줄 수는 없다. 마법은 대답해야 할 질문의 종류를 아는 것이다. 예를 들어, 카렌은 매우 큰 논제인 아마존 열대우림을 공부하고 있다. 카렌과 담당교사는 대화를 나누었고, 그 과정에서 카렌은 강에 사는 수달을 좋아하지만 불법적인 벌목 때문에 수달이 위험에 처해 있어서 그 논제를 선택했다는 사실이 드러났다. 담당교사는 다음과 같은 질문을 던진다. 만약 카렌이 대답을 알고 있다면 그 대답을 그녀의 웹에 보낸다. 만약 카렌이 대답을 알지 못한다면 그녀의 연구문제에 포함시킨다.

- 사람들은 왜 아마존에서 벌목을 하고 있는가?
- 아마존에서 합법적인 벌목과 불법적인 벌목 간의 차이점은 무엇인가?
- 아마존 목재를 벌목하는 것이 왜 중요한가?
- 아마존에서 불법적으로 벌목하는 사람들에게 무슨 일이 일어날까?

이러한 질문에 대한 대답은 학생들이 사람들과 관련된 문제를 정말 이해할 수 있을 때까지 보다 많은 질문으로 이끈다. 이 과정에서 학생들은 매우 중요한 공감을 활용한다.

디자인적 사고의 두 번째 단계는 논제에 관한 정보를 조직하고 **우선순위**를 정하는 것을 포함한다. 이것은 **비판적 사고**를 위한 연습이 된다. 무엇보다도 학생들은 그들의 논제에 관한 이용 가능한 모든 정보를 수집하고, 그런 다음에 신뢰성과 관련성에 기초하여 우선순위를 정한다. 여기서 교사는 각종 선전과 출처에 대한 평가, 특히 인터넷 조사를 통해 발생하는 문제에 대한 해결책을 가르친다. 정보에 대한 우선순위를 정하기 위해서 학생들은 가장 중요한 것에 집중하도록 함께 공부해야 하는 문제를 제대로 이해하고 있어야 한다.

디자인적 사고는 학생들의 열정을 키우기 위한

전략적 과정이다.

　디자인적 사고의 첫 번째와 두 번째 단계는 대체로 학생들의 흥미를 자극하며 세 번째 단계에 필요한 열정을 키운다. **아이디어의 생성**은 창의성의 가장 신뢰할 수 있는 표현일 수 있다. 아이디어의 생성에 관해 생각해 보라. 나는 내가 어떤 짓을 해도 아무런 아이디어를 생성해 낼 수 없는 어떤 학생의 텅 빈 눈을 들여다보았다. 그런 다음 나는 좀처럼 말을 멈추지 않았던 다른 학생의 말을 끊어야만 했다. 이 두 학생의 아이디어 생성 능력에는 매우 분명한 차이가 있었다. 이 단계는 문제를 해결할 수 있는 산출물에 대한 연구의 재미를 포함하는 집중적인 브레인스토밍 과정이다.

　마지막 단계는 관련 있는 사람들에게 도움이 되는 산출물을 창조함으로써 마무리하는 것이다. 여기서 학생들은 산출물 창조에 집착하지만, 디자인적 사고 과정을 완성하지 못하는 경우가 흔하다. 지금까지 학생들은 문제에 관한 사고에 엄청난 시간과 에너지를 소모하였으며, 집중을 계속 유지하고 집에까지 가져와 사고하기 위해서는 어느 정도의 끈기와 인내가 필요하다.

본질적으로 디자인적 사고는 학생들의 열정을 키우기 위한 전략적 과정이다. 여러분은 학생들이 이 문제가 다른 사람들에게 어떻게 영향을 미치는가를 알아보기 위한 연구를 수행하며, 가능한 해결책을 제시할 때 그들의 **호기심**을 불러일으키기 위해 문제를 소개한다. 쉽지는 않지만 잘만 행해지면, 여러분은 학생들에게 새로운 문제에 그들의 눈을 뜨게 하고, 그들의 **공감역량**을 형성하며, 그들의 **문제해결기능**을 강화할 기회를 만든 셈이 된다.

내용 기준과 열정: 모순어법인가?

최상의 경우에 여러분은 내가 말이 된다고 생각할 것이다. 최악의 경우엔 여러분은 내가 미치광이 곡과 상아탑의 실정 모르는 구성원의 중간쯤에 있다고 생각할 것이다. 그렇지만 아직 나를 포기하지 말라. 나는 여러분이 열정적인 사업은 모두 좋은 것 같다고 생각하고 있다는 걸 안다. 그렇지만 기준은 무엇인가? 검사는? 평가는? 역량급(competency-based pay, 역주: 직무와 상관없이 보유하고 있는 역량의 범위와 수준에 따라 임금이 결정되는 제도)은? 좋은 소식은 이것이 양자택일의 상황이 아니라는 점이다. 모두를 취할 수 있는 상황으로 좀 더 생각해 보라. 몇 가지 기준에 대해 살펴보자.

텍사스 사회과의 필수 지식과 기능, 유치원, 10(D): 집단 의사결정을 위한 방법으로 투표 이용하기. (Texas Education Agency , 2011)

이제 여러분이 위의 기준을 가지고 할 수 있는 모든 것에 대해 생각해 보라. 그것은 자율성과 연계될 뿐만 아니라 학생들이 이것을 열정의 영역에 확실히 적용할 수 있도록 충분히 열려 있다. 유치원 학생들은 무엇을 좋아하는가? 자유시간, 스티커, 강아지, 과자 ….

오하이오의 수학과 학습 기준, 6학년, 비판 영역 1: 비율을 정수 곱셈 및 나눗셈에 연결하고, 문제를 해결하기 위해 비율의 개념을 사용하기. (Ohio Department of Education, 2017)

또한 이 기준은 비록 기능에 특별히 초점을 두고 있긴 하지만 어느 영역에든 적용될 수 있을 만큼 광범위하다. 본질적으로 학생들에게 이런 기준을 그들의 열정에 연결할 수 있도록 하는 열쇠는 **범교과**(cross-curricular) 수업이다. 여러분이 모든 대답을 가지고 있을 필요가 없다는 것을 기억하라. 만약 여러분이 학생들이 언어교과에서 설득력 있는 글을 쓰는 연구 프로젝트를 수행하고 있다는 것을 알고 있다면, 그들에게 프로젝트와 관련된 비율의 개념을 증명할 수 있는 방법을 만들어 보라고 요구하라. 여기에서의 아름다움은 여러분의 학생들이 실제로 그들의 수업을 만들고 있다는 점이다. 여러분이 해야 할 일은 학생들이 비율을 확실히 이해하도록 하는 것이고, 필요할 경우 소집단 수업을 실시하며, 이러한 기능을 그들이 잘 적용하고 있는가를 평가하는 것이다. 열정은 내용과 충돌한다.

> 캘리포니아 공립학교를 위한 차세대 과학 기준: HS-LS1-1. DNA 구조가 특수 세포의 시스템을 통해 생명의 필수적인 기능을 수행하는 단백질의 구조를 어떻게 결정하는가에 대한 증거에 기반하여 설명하기. (California Department of Education, 2015)

이것은 뛰어난 기준이다. 확실히 이 기준은 매우 구체적이어서 학생들에게 이것을 그들의 흥미와 연결하도록 요구하기가 쉽지 않다. 따라서 이것은 여러분이 해야 할 일이다. 여러분은 내용 이면의 핵심 사항을 파악해야 한다. 솔직히 말해서 나는 25년 동안 DNA에 대해 생각해 본 적이 없으며 그래도 괜찮았다. 학생들의 진로 방향에 따라 그들은 여러분의 교실을 떠난 후에 DNA에 대해 관심을 가질 수도 있고 그렇지 않을 수도 있다. 그렇지만 그들은 유전학에 관심을 가지며 그들의 친부모로부터 세포 수준에서 무엇을 유전 받았는지 관심을 갖는다. 그들은 자신의 성격특성에 대해 생각해 보며 자신의 행동이 가족들과 어떤 유사점과 차이점이 있는지 관심을 갖는다. 그들의 행동이 타고난 것인지 아니면 학습된 것인지 관심을 갖는다. 아주 일부 십대들만이 자신의 부모처럼 되기를 원하며 성장하지만, 우리가 정말 얼마나 통제할 수 있을까? 이것은 고등학교 학생들이 관심을 가져야 할 사항이다. 수업의 핵심 내용을 학생들과 공유함으로써 여러분은 내용과 그들을 연결하게 되며, 이는 흥미와 열정을 키우는 데 근간이 된다.

처음으로 되돌아가기: 열정이란 무엇인가?

열정에 대한 연구는 종종 생산성 및 기업가 정신과 연결된다. 열정에 대한 다음 정의를 살펴보자.

- "열정은 프로젝트나 과제에 연료를 공급할 수 있는 에너지이다"(Kaufman, as cited in frog, 2012).
- 열정은 일에 대한 진정한 사랑이며, "사랑, 애착, 간절함의 정서"(Baum & Locke, 2004, p. 588)로 측정된다.
- 열정은 "정서적인 에너지, 추동 및 기상"(Bird, 1989, p. 8)이다.

여러분이 나와 같다면 위의 정의를 검토해 보고 "그래, 난 열정이란 감정을 알아. 하지만 도대체 어떻게 해야 나의 학생들에게 그러한 감정을 갖도록 한단 말인가? 즉, 난 그들에게 _____ 할 수 없어(신발 끈을 묶게; 숙제를 하게; 수업에 참여하게; 빈칸을 메워보라)." 여러분과 나에게 다행스러운 것은 우리를 도와줄 몇 가지 좋은 아이디어를 가진 사람들이 있다는 것이다.

열정은 일찍부터 키워주어야 한다. 여러분이 열정적인 어른들과 대화를 나누어 보면 그들은 여러분에게 그들의 흥미가 어린 시절에 시작되었다고 말할 것이다. 이것은 놀이와 실험이 초등학교에서 대단히 중요하다는 것을 의미한다. 또한 교사들이 탐색과 조사에 우선순위를 두어야 한다는 것을 의미한다. 초등학교 저학년 교실은 열정을 키우는 곳이어야 하며, 우리는 학생들이 중학교와 고등학교에 가서도 열정을 키우도록 계속 주의를 기울여야 한다. 물론 상황이 더 '중대해'지지만 열정을 키우는 것은 중대한 일이다.

칼 뉴포트(Carl Newport, 2012)와 마찬가지로 코프먼 (Kaufman, as cited in frog, 2012) 또한 열정은 **자기효능감**에서 연유한다고 하였다. 여러분은 이제 열정이 복잡하게 얽혀진 철사처럼 흥미, 능력, 시간, 자원, 전념 등과 같은 여러 개념이 섞인 복합적이라는 사실을 인식해야 한다. 모든 구성요소들이 동시에 작용하기 때문에 열정이 어디에서 시작하여 어디에서 끝나는가를 확인하기란 어렵다. 여러분이 직선적인 사람이라면 이러한 사실이 여러분을 답답하게 만들 수도 있다. 그러나 여러분은 열정의 어느 요소를 선택할 수 있고 거기서부터 강렬함의 연결고리를 만들 수 있다는 점을 생각해 보라. 그러면 이러한 구성요소들이 여러분의 교실에서 어떻게 강조될 수 있는가를 이야기해 보자.

- **흥미(Interest)**: 학생들이 자신의 주제를 선택할 수 있도록 열린 학습경험을 만들어라. 학생들이 그들의 흥미를 탐색하고 이러한 흥미가 시간의 경과에 따라 어떻게 변화하는가를 성찰하기 위한 기회를 설계하라.
- **능력(Ability)**: 학생들의 강점에 중점을 두고 그 강점을 알아보도록 그들을 격려하라. 그들의 기능을 미래의 연구영역에까지 확장하도록 도와라.

- **시간(Time)**: 여러분이 열정을 키울 때 포기할 수 있는 것이 무엇인지 결정하라. 학생들을 위한 시간을 만들기 위해서는 여러분이 열정을 갖고 있는 것을 포기해야 할지도 모른다.

- **자원(Resources)**: 클라우드펀딩(crowdfunding, 역주: 온라인을 통해 자금을 조달하는 방식) 옵션(예를 들면, Donors Choose.org, AdoptAClassroom.org, 그리고 GoFundMe)을 탐색하라. 교부금을 작성하라. 기부금을 요청하라. 교사들은 내가 알고 있는 가장 훌륭한 자원인사이기 때문에 여러분이 항상 해오던 일을 계속 할 수 있도록 도와준다.

- **전념(Commitment)**: 학생들에게 전념(몰두)하도록 요구하라. 전념 수준은 확실히 학생들의 연령에 따라 다르지만, 열정을 키우기 위해 설계된 수업은 또한 도전에 굴하지 않고 견뎌 나가며 집중을 유지하는 학생들의 역량을 키워야 한다.

그러면 이제 여러분이 이러한 아이디어를 어떻게 취할 수 있고 열정을 키우는 데에 도움이 되는 문화를 조성할 수 있는지 그 방법에 대해 이야기해 보자.

교실을 멋지고, 환영을 받으며,
열정을 요구하는 곳으로 만들어라.

열정적인 사람은 때로는 약간 미친 사람처럼 보일 수 있다. 그리고 전형적인 중·고등학교 학생들은 그런 식으로 명명되는 것을 멀리하고 싶어 한다. 여러분은 이것이 무엇을 의미하는지 알 것이다. 그렇지 않은가? 교실의 지도자인 여러분은 새로운 풍조에 미쳐야 한다. 예술이나 역사의 재미있는 사실이나 복잡한 방정식에 미쳐라. 학생들 앞에서 완전히 괴짜가 되는 것을 두려워하지 말라.

여러분의 교실을 멋지고, 환영을 받으며, 열정을 요구하는 곳으로 만들어라. 내가 중학교 2학년 학생들을 가르쳤을 때, 몇몇 학생들의 열정을 알아차리기가 쉬웠다. 왜냐하면 그들은 뭐든지 해 보는 것을 두려워하지 않았기 때문이다. 내가 담당한 학생들 중에는 좋아하는 밴드에 대해 강박적으로 글을 쓰거나 환경에 대한 논픽션만 읽는 학생들이 있었다. 그들의 존재는 그들의 열정을 중심으로 돌아가고 있었기 때문에 나는 그들을 알아보지 못하려면 완전히 둔감해야 했을 것이다. 그러나 되돌아보건대, 나는 다른 학생들이 정말로 무엇을 했는지는 말할 수 없다. 그들은 소매에 열정을 걸치지 않았다. 확실히 나는 그들이 읽기 좋아했던 책의 종류와 몇 가지 흥미를 알고 있었지만, 그들이 무엇 때문에 그것을 포기했는지는 몰랐다. 그들이 아무것도 가지고 있지 않았을 수도 있다. 다시 말하지만, 그것이 내가 더 잘할 수 있었던 곳이다. 여러분의 학생들과 **친화감**(rapport)을 형성하기 위한 모든 아이디어를 기억하는가? 기억하고 있는 그 아이디어를 실행하라.

앞에서 언급했기 때문에 여러분은 내가 내성적이라는 것을 알고 있을 것이다. 나는 촌극을 하거나 해석적인 춤이나 그와 유사한 성격의 공연을 해야 하는 교원연수 과정을 좋아하지 않는다. 나는 새로운 훈육 정책에 관한 포스터를 만들어 제시하는 것보다는 소집단 내에서 중요한 문제를 논의하는 것이 더 낫다. 판단적인 14세 학생들 앞에서 미친 사람처럼 되고 얼간이처럼 행동하는 것은 내게는 좋은 시간이 못된다. 우리가 나의 열정에 대해 이야기하고 있다는 것만 빼면, 나는 훌륭한 책이나 영향력 있는 작가나 그릿에 대한 연구 등 그 어느 것이든 두려움이 없다. 그 이유는 내가 그러한 일에는 정말 미쳐 있기 때문이다. 나는 학생들과 함께 춤추고 노래하는 교사들을 존경하지만, 내가 그렇게 하지는 못한다. 결론적으로 말하면, 여러분이 정말 열정을 가진 일에 뛰어들어야 한다.

마지막 생각

열정만큼 중요한 것은 없다. 여러분이 자신의 삶에서 무엇
을 하고 싶어 하든 간에 열정을 가져라.

- 존 본 조비(Jon Bon Jovi)

일상적으로 매일 열정을 키우도록 노력해야 한다. 그것은
여러분의 수업을 통해서 미묘하게 주입되어야 하고 종종 논의
되어야 한다. 여러분이 열정의 다섯 가지 원리적 신념인 유능
감, 존중, 자율성, 창의성, 영향의식을 교육과정 속에 통합하려
고 심혈을 기울이고 있는가를 생각해 보라. 또한 매일 여러분
과 학생들이 학습내용을 열정을 키우는 것과 관련하여 다루고
있는가를 생각해 보라. 여러분의 교실에 있는 전기장치는 여
러분과 학생들이 열정을 키우기 위한 완벽한 환경을 배우고
재미있어 하고 있다는 것을 감지할 것이다.

토론 질문

1. 여러분은 수업시간에 학생들의 열정을 어떻게 키우고 있는가?

2. 뉴포트(2012)에 의하면, 열정은 유능감, 존중, 자율성, 창의성, 그리고 영향의식에 중점을 둔 환경에서 키워질 수 있다고 제안하였다. 이들 중에서 여러분이 잘하고 있는 것은 어떤 것이며, 개선해야 할 것은 무엇인가?

3. 여러분의 교육과정 기준 내에서 여러분이 진정으로 디자인적 사고를 통합시킬 수 있는 곳은 어디인가? 프로젝트와 공감을 키우기 위한 아이디어를 다양하게 떠올려 보라.

제6장

가정에서 그릿 키우기

이 장을 시작하기 전에, **자녀양육**은 세상에서 가장 중요하면서도 힘든 일이라는 점에 동의하는지 묻고 싶다. 이에 대하여 나는 슈퍼스타가 된 기분과 완전한 실패자가 된 기분 사이에서 동요하고 있다. 어떤 날들은 잠자리에서 일어나면 한 묶음의 인스턴트 오트밀을 재빨리 준비하고 일하러 가면서 아이들의 머리에 키스를 해 주는데, 나 같은 엄마들에게는 상이 주어져야 한다는 느낌이 든다. 그리고 또 다른 어떤 날들은(대부분의 날들은) 내가 충분히 행하지 않고, 너무 많이 행하고, 충분히 엄격하지 않고, 너무 엄격하다 … 고 느낀다. 기본적으로 나는 침대에서 절대 나오지 않는 이분법적 성향이 있다.

희소식이 있다! 그릿은 실패와 건전한 반응을 통해서 전략적으로 개발될 수 있다는 점이다. 이를 행하기 위한 가장 효율적인 방법은 학교와 가정 사이에 노력을 결합하는 것이다. 이 장에서는 여러분이 학부모들에게 그릿 개발의 중요성을 교육할 수 있는 방법에 대한 아이디어를 제공하고자 한다. 비록 그것이 언제나 재미난 것은 아니지만 말이다.

부모들은 그릿의 세 가지 구성요소(열정, 끈기, 전념)를 고려해야 한다.

교사로서 여러분은 학생들의 행복을 증진시키기 위해 헌신해 왔다. 하지만 그걸 아는가? 학생들에겐 부모가 있고, 따라서 일종의 패키지 거래라는 사실을 말이다. 여러분이 학생들의 그릿을 키우기 위한 수업을 설계하기를 원하는 만큼 이것은 관련된 모든 사람에게서 구매를 요구하는 팀 노력이라는 사실을 인식해야 한다. 마음속에 그릿을 가진 자녀를 양육한다는 것은 정말 매우 간단하다. 부모들은 그릿의 세 가지 구성요소(열정, 끈기, 전념)를 고려한 다음, 자녀들에게 그 각각의 역량을 키워줄 수 있는 방법을 알아야 한다. 그 방법은 불쾌해질 수도 있고 항상 쉬운 것만은 아니지만 실행될 수 있다.

교사 생활을 시작한 첫날부터 여러분은 자녀를 정성껏 돌

보는 부모들에게 자녀를 위해 뭔가 하고 있고 자녀의 요구를 옹호해 주고 있다는 것을 전달해야 한다. 부모들은 여러분이 사랑과 은총의 원천이라는 것을 믿을 때 여러분을 보다 더 지지하려고 할 것이다. 여러분은 그러한 지지를 필요로 할 것이다. 왜냐하면 아이의 그릿 역량을 키운다는 것은 좀 엉망일 수도 있기 때문이다.

자녀양육방식

부모의 자녀양육은 다른 어떤 요인보다도 아이들의 발달에 큰 영향을 미친다(Baumrind, 1966). 이 말을 다시 읽어보고 여러분의 가슴이 조금 수축되지 않는지 말해 보라. 여러분은 학생들의 삶에 중요한 인물임에 틀림없지만, 영향력이라는 견지에서 보면 대부분의 경우에 부모 다음이다. 발달심리학자들 사이에서 널리 수용되고 있는 세 가지 **자녀양육방식**이 있는데, 그것은 바로 허용적(permissive), 독재적(authoritarian), 권위적(authoritative)인 양육방식이다(Baumrind, 1966).

허용적인 자녀양육방식은 건전한 것처럼 들린다. 이런 부모는 자녀의 삶에 있어서 권위의 대상이 아니다. 이것은 가족역학에 따라 다양한 형태를 취할 수 있다. 한 부모는 자녀에게 기대와 규칙에 관해 자문할 수 있으며, 이는 거의 동반자적 관계를 위협한다. 다른 한 부모는 자녀의 삶에 개입하지 않고, 기본적으로 자녀가 스스로 결정을 내릴 수 있도록 허용한다. 내 아이들은, 특히 내가 이 세상에서 가장 억압적이고 고지식하며 엄격한 엄마라고 강하게 여겼던 십대 딸은 이러한 방식을 좋아했다. 교사로서 나는 여러분이 자신의 학급에서 부모가 이런 방식을 채택한 아이들을 상상하고 있다고 확신한다. 이런 아이들을 찾기란 쉽다. 그렇지 않은가? 그들은 여러분의 규칙을 따르거나 또래아이들을 존중하지 않는다. 그들은 도전을 받게 되면 포기해 버린다. 그리고 그들은 이러한 행동 때문에 친구를 사귀거나 친구관계를 유지하는 데 어려움을 가질 수 있다. 물론 예외가 있긴 하지만 대체로 허용적인 부모를 가진 아이는 그릿을 가진 아이로 성장하지 못할 것이다.

독재적인 자녀양육방식은 본질적으로 허용적인 자녀양육방식과는 정반대이다. 부모는 절대적인 힘을 행사하며 순종이 미덕이라고 확신한다. 질서와 체계가 가정의 중요한 측면이며, 규칙과 기대는 협상의 여지가 없다. 자녀가 규칙을 따르지 않으면 벌을 받게 된다. 비록 이러한 방식으로 교육을 받은 아이들이 종종 학교에서 잘 수행하기도 하지만, 그들은 또한 불안하고 불행한 사람으로 성장할 수 있다. 그들은 좌절에 대처하는 방법과 돌진할 것인지 아니면 포기할 것인지를 알지 못한다. 그릿은 아이에게 도전을 통해 포기하지 않고 끈기를 갖고 끝까지 버텨 나가도록 하는 환경에서 키워진다는 것을 명심하라. 독재적인 부모를 가진 아이는 이러한 기회가 주어지지 않으며, 따라서 그릿을 키워 나가지 못할 것이다.

권위적인 부모를 가진 아이들은 사회적으로 잘 적응하고, 대체로 도전적인 문제에 대해 자신감을 갖고 대할 수 있다.

자녀의 발달에 가장 긍정적인 영향을 주는 자녀양육방식은 권위적인 방식이다. 권위적인 부모는 허용적인 부모와 독재적인 부모의 중간쯤에 있다. 이런 부모는 규칙을 만들고, 기대를 형성하며, 결정된 사항에 대해 이유를 들어가며 설명한다. 권위적인 부모는 힘을 행사하지만 절대적이지는 않다. 권위적인 부모를 가진 아이들은 사회적으로 잘 적응하고, 대체로 도전적인 문제에 자신감을 갖고 대할 수 있다.

권위적인 자녀양육방식은 아동심리학자들이 추천하는 것이고 연구에 의해서도 지지될 뿐만 아니라, 또한 더크워스(Duckworth, 2016)는 요구와 지지의 이러한 균형은 보다 그릿이 강한 아이들로 성장하도록 이끈다는 것을 발견하였다. 본질적으로 그녀의 연구는 부모들이 그들 자녀에 대해서, 자녀의 능력에 대해서, 그리고 자녀가 원하는 바에 대해서 이해하는 것이 중요하다는 점을 강조하였다. 그릿이 강한 아이의 부모가 된다는 것은 자녀가 고군분투하거나 포기하고 싶을 때 어떻게 반응해야 하는지를 알 수 있도록 이러한 정보를 균형 있게 유지하는 것을 포함한다.

비록 여러분이 학생들의 부모가 취하고 있는 자녀양육방식을 통제할 수 없을지라도 여러분은 모든 유형의 부모들과 함께 일하는 최선의 방법을 이해할 수 있다. 어느 누구도 좋은 부모가 되는 법을 잔소리처럼 듣고 싶어 하는 사람은 없다는 것을 명심하라. 그러나 부모들은 전형적으로 자녀들에게 최선을 다하기를 원하고, 변화하는 세상에서 어떻게 해야 할지 모를 수도 있다. 그러므로 부모들과 협력적인 태도를 갖고, 그들의 자녀가 건전하고 자율적인 성인으로 발달해 가도록 도와주는 것에 초점을 두면서 부모들에게 접근해야 한다.

비록 여러분이 학생들의 부모가 취하고 있는 자녀양육방식을 통제할 수 없을지라도 여러분은 모든 유형의 부모들과 함께 일하는 최선의 방법을 이해할 수 있다.

    가급적이면 학년 초에 부모들에게 그릿의 구성요소에 관해 설명하고 가정에서 교사들의 노력을 지원할 수 있는 방법에 대한 구체적인 아이디어를 제시해 주어라. 부모들이 그릿의 의미를 확실히 이해하고 그들 자녀에게 사용할 수 있도록 학년 내내 계속해서 그릿의 중요성을 강조해야 한다. 부모들은 그들 자녀가 지속적으로 추구하는 흥미를 가진다는 것이 왜 필요한가를 이해하게 될 것이다. 그릿은 이해하기 어려운 개념이 아니다. 하지만 부모들이 구체적으로 무엇을 할 수 있는지를 이해하도록 하려면 여러분의 지원이 필요할 것이다.

    이상적으로는 여러분이 부모들과 얼굴을 맞대고 이러한 대화를 가지는 것이다. 좀 더 실속 있는 방법은 여러분의 학생들이 그들 부모와 이야기를 나누는 것이다. 그러나 다른 모든 것이 실패할 경우엔 여러분의 수업계획서나 부모에게 보내는 편지에서 그릿을 언급할 수 있다. [그림 8]은 여러분이 그릿을 논의하기 위해 부모에게 보낼 수 있는 편지의 한 예이다.

친애하는 부모님께,

　저는 올해 어느 때보다도 열정과 기대를 갖고 있으며 여러분의 자녀를 위해 많은 멋진 수업을 계획하고 있습니다. 저는 학생들에게 과거에 경험하지 못한 도전과 흥분을 갖도록 하고자 합니다. 저의 교실은 놀라움과 실제적 학습, 그릿의 마법과 같은 공간이 될 것입니다. 그러나 이를 위해서는 여러분의 협조가 필요합니다.

　여러분의 자녀가 내년을 완전무결하게 준비하도록 하기 위한 확실한 주요 관건은 높은 기대입니다. 훈련캠프에서 고된 연습을 하고 있는 야구선수처럼 나는 여러분의 자녀가 과거 어느 때보다도 좋은 글을 쓰도록 강행하고자 합니다. 우리는 맹연습을 할 것입니다. 제 얼굴은 땀과 고생으로 뒤범벅이 되고 예쁘고 곱게 단장을 하기 어려울 것입니다. 열심히 일한다는 것은 종종 재미난 것이 아니죠.

　제가 여러분에게 요청 드리고 싶은 것은 자녀를 지지해 주고 자녀에게 할 수 있다는 것을 상기시켜 주는 일입니다. 열심히 하는 것이 정말 득이 됩니다. 여러분의 자녀가 제 수업이 어렵다고 말한다면(그리고 이런 말을 듣게 된다면), 앞으로 일어날 모든 성장에 대해 강조하십시오. 이 힘든 일을 자녀의 우상이 보이는 전념과 끈기와 연결하십시오.

　여러분은, 장애물에 직면하여 그것을 극복하는 것이 어떤 것인지 아는 그릿이 강한 자녀를 얻게 될 것입니다. 또한 열심히 하는 것의 중요성을 믿고 있으며, 더욱 중요한 것은 자기 자신을 믿고 있는 자녀를 얻게 될 것입니다. 여러분은 학습에 대해 열정적이고 자신의 흥미와 강점을 학습과 관련지을 수 있는 자녀를 얻게 될 것입니다.

　이를 위해서 여러분이 저와 함께 해 주시길 바랍니다. 우리가 합심하면 올해를 최고의 한 해로 만들 수 있습니다! 여러분의 지지에 진심 어린 감사를 드립니다.

　안녕히 계십시오.

담임교사 라일라 산구라스 올림

[그림 8] 부모에게 그릿을 소개하는 편지의 예

그릿을 키우기 위한
자녀양육에의 시사점

그릿은 끈기와 열정의 결과이다. 아이들에게 그들이 원하는 모든 것이 주어지는 환경에서는 그릿이 키워질 수 없다. 또한 아이들이 노력한 결과로 인한 성취감을 맛보지 못해도 그릿은 키워질 수 없다. 그게 중요한 것이며, 여러분이 알아야 할 전부이다. 하지만 목록과 구체적인 조언을 좋아하는 분들을 위해 몇 가지 더 첨언하도록 하겠다.

마을 전체가 나서라

우리가 인간으로서 할 수 있는 것에는 한계가 있고, 아이들이 우리를 얼마나 믿을지에도 한계가 있기 때문에, 부모가 자녀들을 학교 밖의 활동에 참여시키는 것이 중요하다. 그릿은 근육과도 같다. 처음에는 그릿이 조금 필요한데, 그다음에는 그릿을 실행하면 점점 더 그릿이 강해진다. 그릿이 성장함에 따라 최대한도의 순간도 증가한다.

더크워스(2016)는 부모가 자녀를 과외활동에 포함시켜야 한다고 제안하였다. 그 이유는 많이 있지만 몇 가지를 제시하면 다음과 같다.

1. 부모는 자녀의 흥미를 지지한다는 메시지를 전달하게 된다.
2. 부모는 자녀가 흥미를 찾거나 심화하도록 돕는다.
3. 부모는 자녀에게 끈기를 연습할 기회를 주게 된다.
4. 부모는 자녀의 그릿 역량을 확장하게 된다.

더크워스는 또한 자녀가 고등학교에 진학하면 자녀에게 과외활동에 1년간 전념하도록 요구해야 한다고 제안하였다. 이 시점에서 아이가 하나의 활동에서 다른 활동으로 넘어가도록 허용될 경우 놓칠 수 있는 미묘한 차이를 포함하도록 흥미가 확대된다. 빨리 처리해야 할 모든 일들은 일찍 행해지는 것이 바람직하다.

그러나 부모는 혼자서 이런 일을 행할 수 없다. 코치와 멘토 그리고 마법을 부리는 사람이 필요하다. 부모는 자녀에게 코치와 같은 인물인 다른 성인과 함께 일하도록 함으로써 그릿을 키우기 위한 책임의 짐에서 다소 벗어날 수 있다.

자녀가 자신의 부모들이 모르는 게 없다고 믿을 때 놀라운 일이 펼쳐진다. 어린 자녀는 큰 눈으로 우리를 바라보며 우리의 모든 지혜를 흡수한다. 자녀는 우리가 그의 형제자매와 운동장 괴롭힘에 대해 말하는 것을 방어할 것이다. 그러나 여러분이 쳐다보지 않을 때 창문이 굳게 닫히고 여러분은 지구상에서 가장 느긋한 인간이 된다. 이것이 바로 우리가 아이들을 과외활동에 포함시켜야만 하는 이유이다. 아이들이 성장함에 따라 그들은 우리의 지식에는 한계가 있다는 것을 인식하게 된다.

내 아들은 그가 야구 게임에서 어떻게 하고 있는지를 내게 묻곤 했으며, 나는 대체로 그를 칭찬해 주었다. 때때로 나는 아들이 도루할 수 있는 방법에 대해 의견을 제시했지만 그것은 사실에 근거한 것은 아니었다. 비록 아이가 여전히 나를 사랑하지만, 그는 내가 야구에 대한 지식이 한계에 달했다는 것을 알고는 지금은 내 남편에게 의견을 구한다. 남편은 매 경기를 기억할 수 있고, 아들이 멋진 결정을 한 것이 뭔지 그리고 좀 더 과감하게 해야 했던 것이 뭔지 설명할 수 있다. 내 아들의 흥미와 기량이 늘어날수록 그는 더욱더 많은 조언을 원한다. 만일 그가 나와 함께 계속했다면 흥미와 기량이 늘지 않고 틀림없이 그릿도 강해지지 못했을 것이다. 그는 좀 더 많은 것을 필요로 하며, 그가 필요로 하는 것을 찾도록 도와주는 것이 나의 책임이다.

아이들에게 그들이 전념하는 것을 명예롭게 여기도록 가르쳐라

나는 첫 아이를 임심했을 때 자녀양육에 관한 잡지를 읽었다. 저자의 분명한 조언을 기억하고 있는데, 그것은 아이들이 무언가를 요구할 때 부모가 좋다고 말하든 싫다고 말하든 진심이 담겨 있어야 한다는 것이다. 자녀양육 혹은 자녀교육에 있어서 애매하게 말해서는 안 된다. 특히 우리가 아이들의 그릿을 키우기를 원한다면 말이다. 아이들이 원하는 뭔가를 말할 때 부모가 경청하고 있고 그들을 신뢰하고 있다는 것을 알게 할 필요가 있다. 또한 부모가 규칙을 정하고 기대를 세우면 그들이 아무리 애원하고, 울고, 바닥에 굴러도 그 규칙과 기대를 바꾸지 못한다는 것을 알게 해야 한다.

부모들이 자신의 전념에 대해, 그리고 전념을 명예롭게 여길 때 직면하는 어려움에 대해 자녀와 함께 이야기하도록 격려하라.

인간은 전념하지 않고서는 그릿을 개발할 수 없다. 달리 말하면, 여러분은 일이 힘들어지거나 흥미가 감소하면 중단하게 된다. 부모들이 자신의 전념에 대해, 그리고 전념을 명예롭게 여길 때 직면하는 어려움에 대해 자녀와 함께 이야기하도록 격려하라. 무엇보다도 자녀들은 그들의 부모를 모방한다. 또한 그들의 부모가 인간이라는 점을 알고 싶어 한다. 그릿이 강해진다는 것의 의미를 알기 위한 교수-학습과정의 한 부분으로서, 부모들이 자녀와 그들이 뭔가를 그만두고 싶었지만 그러지 못했을 때가 언제인지, 혹은 그들이 그만두었을 때가 언제이고 그때 기분이 어떠했는지에 대해 이야기하도록 격려하라. 부모들은 종종 자녀에게 완벽한 본보기를 보여야 한다고 생각하지만, 그릿은 발달하기에 너무 어렵고 고통스러울 수 있기 때문에 자녀들이 현실에서 어떻게 보이는지 감을 잡는다면 더 나은 삶을 살 수 있다. 자녀들은 또한 어른들조차도 이와 동일한 감정을 경험하고 있다는 것을 이해할 필요가 있다.

그리고 부모들은 적절한 시기에 옳은 것에 대해 요구해야 한다. 어느 누구도 완전무결하지 못하다. 그렇지 않은가? 우리는 누구나 무언가로 고군분투하고 있다. 자녀들도 마찬가지다. 비록 부모가 자녀들로 하여금 그들이 전념하는 것을 명예롭게 여기도록 격려해야 하지만, 또한 언제 밝게 해 주고 자녀들에게 휴식을 주어야 하는지도 알아야 한다. 나는 여러분에게 여러분이 새 학기가 시작하는 첫날에 배포하는 "만약, 그렇다면" 순서도(flowchart)를 제공할 수 있기를 바라지만, 이것이 부모로서 그들의 전문지식이 들어오는 곳이다. 교사로서 여러분은 이에 대해 부모들을 안심시키는 데 도움을 줄 수 있다. 나는 약간의 **격려**와 **긍정적 피드백**, 그리고 우리가 이것을 할 수 있다는 것을 상기시켜 주면 모든 부모에게 큰 도움이 될 것이라고 확신한다.

아이들이 그들 자신을 찾도록 도와주어라

그릿은 열정적인 환경에서 키워지지만, 여러분이 무언가에 몰입하지 않고서는 정말로 열정을 가질 수 없다는 것을 기억하라. 아이가 혼자서 행할 수는 없으며 부모의 지지가 필요하다. 부모들은 자녀가 해야 할 일을 찾고 계속 추구해 나가도록 격려해야 한다. 내 어린 아들 중 한 명은 아기 때부터 기차를 무척 좋아했다. 그의 기차에 대한 사랑은 '**꼬마 기관차 토마스와 친구들**'(Thomas the Tank Engine, 역주: 1945년 영국에서 출판된 후 지금까지 전 세계 아이들의 사랑을 받아온 동화로, 환상의 섬 소도어를 배경으로 장난기 많고 귀여운 기관차 토마스와 각각의 개성을 가진 기차 친구들의 모험과 우정을 다룬 이야기)에 대한 관심을 훨씬 뛰어넘는 것이었다. 그는 기차를 너무 좋아하여 기차에 관한 비디오를 셀 수 없이 시청했고, 관련 그림책을 보았으며, 이야기를 했다. 그는 기차에 푹 빠져 있었고 나머지 가족들이 눈물을 흘리며 지겨워한다는 것을 믿을 수 없어 했다. 그래서 아이가 다섯 살이 되었을 때 우리가 그의 형들에게 했던 것처럼 축구를 시켰다. 그는 축구를 별로 즐기지 않았고 축구 경기에 대한 관심이 거의 없었다. 그런데 여섯 살이 되자 그는 정체성을 원하기 시작했고, 그러면서 축구 선수였다고 사람들에게 자랑삼아 말하곤 했다. 올해 우리는 그를 매주 월요일 밤 실험실에서 코드를 작성하고 실험을 행하는 로봇 코스에 넣었다. 지금 그는 일곱 살이다. 아이는 로봇 교실을 매우 좋아하며 로봇 실험실로 돌아가기 위해선 뭐든지 포기할 것이다. 우리는 두 번의 축구 시즌이 약간 괴로웠지만, 그 후 그가 이제 자신을 로봇 엔지니어라고 자신 있게 묘사하는 것에서 전율을 느낀다. (그리고 우리는 돌아가며 간식을 사와야 하는 것에서 벗어났다. 할렐루야!)

아이들은 지루해할 수 있어야 한다.
여러분이 한가할 때 무엇을 해야 할지를
생각하는 것도 여러분 자신을 발견하는 일의 일부이다.

모든 아이에겐 열정이 필요하며, 가동 휴지시간이 있을 때 기댈 수 있는 활동이 있어야 한다. 알다시피 아이들의 흥미는 급격히 변하고 이를 눈치 채지 못하는 경우가 종종 있다. 그렇지만 아이들의 흥미는 그들의 경험에 국한되는 것이 아니다. 예를 들어, 나의 어린 엔지니어는 우리가 로봇 코스에 등록하지 않았다면 그가 로봇 프로그램을 작성할 수 있다는 것을 결코 알지 못했을 것이다. 아이들에게 그들이 커서 어떤 사람이 되고 싶은지 물어볼 때, 그들이 알고 있는 것(교사, 소방관, 새 등)을 제시하기 마련이다.

그러나 이 부분에서 가장 중요한 것은 비록 부모들이 자녀를 다양한 경험에 노출시킴에 있어서 한몫을 하지만, 나의 어머니가 늘 말했던 것처럼 교사는 오락 진행자가 아니다. 아이들은 지루해할 수 있어야 한다. 여러분이 한가할 때 무엇을 해야 할지를 생각하는 것도 여러분 자신을 발견하는 일의 일부이다. 그 한가한 시간에도 정체성을 형성하는 데 일조할 수 있다. 그런 선택을 하는 것은 특히 어린 시절에 힘을 실어주는 것이다. 성인으로서 여러분은 지루해 본 적이 있는가? 나는 아니다. 나는 하고 싶은 것을 하도록 선택할 수 있을 때 나의 가동 휴지시간을 음미하며 즐긴다. 아이들도 그와 같은 경험을 할 수 있어야 한다.

부모가 열심히 하면 아이들도 열심히 한다

부모들은 그들 자녀의 첫 번째 교사이기 때문에 자녀들은 부모를 통해서 '열심히 한다.'는 것이 무엇인지 그 의미를 배우게 된다. 여러분은 아이들이 스스로 목표를 세우도록 함께 일하고, 이러한 목표를 그들 부모와 함께 논의함으로써 그것을 용이하게 할 수 있다. 집단의 한 구성원으로서 모든 사람은 무언가를 향해 일한다는 것이 무엇을 의미하는지 알게 되고, 따라서 모든 사람은 그 일의 과정에서의 성공을 축하할 수 있다. 의심할 여지없이 아이가 무언가를 해야 하는 상황이 발생할 것이고, 그것은 보다 더 어려운 상황을 성공적으로 견디기 위해 그릿을 키우는 데 확실히 필요한 것이다.

부모에게 마음의 준비를 시켜라.
부모에게, 아이가 고난을 겪게 되겠지만
그것은 겪을 만한 가치가 있다는 것을 말해 주어라.

여러분은 또한 부모에게 그릿의 구축은 독립적이고 성공적인 성인으로 성장시키기 위해 중요하다는 것을 확실히 이해시켜야 한다. 교사로서 여러분은 학생들에게 도전적인 학습경험을 설계하며, 학생들이 과제를 성공적으로 완수할 수 있도록 적절한 도움을 제공한다. 아이가 7세가 되면 휴식을 취하길 원하고, 13세가 되면 친구들과 얘기하고 싶어 하며, 17세가 되면 공부해야 하지만 열심히 하고 싶어 하지 않는다. 아이는 정말로 충분한 것과는 거리가 먼 '적당한' 노력으로 계속 나아가고 싶어 한다. 부모에게 마음의 준비를 시켜라. 부모에게, 아이가 고난을 겪게 되겠지만 그것은 겪을 만한 가치가 있다는 것을 말해 주어라. 부모에게, 아이가 그만 중도 포기하고 싶겠지만 여러분은 아이가 포기하지 않고 계속 나아가도록 모

든 조치를 취할 것이라고 말해 주어라. 부모는 스스로 마음의 준비를 할 수 있고 집에서 자녀를 지원할 수 있다는 점을 이해해야 한다.

그리고 부모가 배우고 고군분투하며 인내하는 과정에 초점을 맞추면서 자녀를 칭찬하는 방법에 대해 논의하는 것도 도움이 된다. 우수한 학업성적이나 우승 트로피를 받은 것을 축하하기는 쉬운 일이지만, 우리 모두가 그것을 성취하기 위한 과정의 중요성을 강조해야 한다는 점을 명심할 필요가 있다. 여러분은 부모에게 열심히 노력한 것에 대해 어떻게 느끼고 있는가를 자녀와 이야기할 수 있는 방법에 대한 본보기가 될 수 있으며, 이는 다음 도전적인 상황을 준비할 때 유사한 말을 사용할 수 있도록 부모를 격려할 수 있다.

각각의 아이의 길을 존중해 주어라

내 큰아들은 대부분의 아이들처럼 유치원을 다니기 시작하였다. 아이는 학습에 대한 흥미와 호기심이 대단했고 빨리 학교에 다니고 싶어 했다. 그러나 학교에 가자마자 시작부터 큰 고초를 겪었다. 철자가 엉망이고, 읽기가 서툴렀으며, 주의력이 부족했다. 지금 내가 말하고자 하는 것은 그가 여기저기서 단어의 철자를 제대로 쓸 수 없다는 점이 아니라, 매주 시행되는 받아쓰기 시험을 준비하기 위해 아무리 많은 시간을

쏟아 부어도 계속 실패했다는 점이다. 아들은 아무리 연습하
고 공부해도 결과를 변화시키지 못할 것이라는 점을 배웠다.
그는 여러 학교를 옮겨다니고, 실패를 자주하며, 많은 훈육상
의 문제를 야기하면서 결국 학교를 그만두었다. 이 이야기를
계속하기 전에, 여러분은 나와 남편이 할 수 있는 모든 긍정적
인 생각으로 아이를 변화시키려고 했다는 것을 알아야 한다.
지금까지 아이는, 그를 무척 사랑하고 그가 성공하기를 바랐
던 4명의 부모를 가졌었다. 그러나 그것은 중요하지 않았다.
그는 자신이 학교과제를 수행할 수 없고 어떤 격려를 받아도
그것을 변화시키지 못할 것이라는 점을 학습했던 것이다(역주:
이를 심리학에서는 '학습된 무력감'이라고 부름).

　아들은 2년 더 길고 답답한 해를 보냈고…. 현재는 자신이
꿈꾸던 대학에 지원할 수 있도록 지역사회대학(community
college)에서 많은 수업을 받고 있다. 그는 어느 때보다도 더 주
의력이 좋아졌고 서서히 자신감을 쌓아 가고 있다. 자신에게
주어진 학문적 요구를 충족시킬 수 있다는 것을 직접 경험했
으며, 일반 학생들처럼 여전히 고군분투하지만 내면의 목소리
는 훨씬 더 긍정적인 어조를 취하고 있다. 우리는 화상채팅을
즐기며 그가 공부하는 것을 종종 발견하기 때문에, 이 젊은이
를 더 자랑스러워할 수가 없다. 가장 최근의 대화에서는 자신
의 영어 과제에 대해 많은 말을 하였다(그는 그릿이 강한 학생이

되는 것이 무엇을 의미하는지에 대한 에세이를 써야 했다).

아들은 아무도 택하지 않았을 험난한 길을 택했지만, 그것은 그가 택한 자신의 길이었다. 물론, 사후 판단은 사치일 뿐이고, 우리는 부모로서의 실수를 덜할 수도 있었지만, 그에 대한 우리의 지지와 믿음은 확고했다. 그가 성공하기 위해 필요한 그릿을 개발하는 데 우리가 원했던 것보다 더 오랜 시간이 걸렸지만, 그게 무슨 문제인가? 요점은 그가 거기에 도달하고 있다는 것이다.

여러분이 회의, 기획, 수업이나 매일 행하는 수많은 다른 일로 이미 지쳐 있는 만큼, 부모는 모든 아이의 길이 다르고 그것이 괜찮을 것이라고 안심시켜야 한다. 여러분은 다른 환경에서 그들의 아이를 알 수 있는 이점이 있다. 부모가 자녀의 다른 면을 알 수 있도록 다음과 같은 기회를 이용해 보라. 나는 이런 어색한 대화를 몇 번이나 했는지 모르겠다.

> **나:** 저는 티미를 좋아해요! 티미는 위트가 있고 유머감각
>   을 갖고 있기 때문이죠.
>
> **부모:** 정말요? 티미를?
>
> **나:** (티미와 다른 아이를 혼동하지 않았는지 확인하기 위해 그의
>   얼굴을 떠올리면서) 그럼요. 티미가 어느 날 수업 중에
>   다른 학생들이 놓친 매우 미묘하고 아이러니한 상황을

알아차렸어요. 그건 정말 대단한 것이었고, 티미가 주변에서 무슨 일이 일어나고 있는지 주의 깊게 보았다는 것을 말해 줍니다.

부모: 와우. 흥미로운 사실이군요. 티미는 집에서는 언제나 진지할 뿐이거든요.

나: (옅은 미소를 띤다.)

나만 그렇게 생각하는가? 아니면 여러분이 부모가 보는 것과는 전혀 다른 학생의 면을 본다는 것을 깨달았는가? 부모들에게 얼마나 좋은 이런 선물을 줄 수 있는지, 특히 여러분이 그릿으로 이끄는 열정과 끈기를 강조한다면 말이다. 그리고 이는 학생들과의 신뢰와 존중의 관계를 구축하는 데에도 큰 도움을 준다.

일상의 절차를 세워라

여러분은 자신의 교실에서 해야 할 일상적인 절차를 갖고 있을 것이다. 학생들은 과제를 어떻게 제출해야 하는지, 어디서 보급품을 찾아야 하는지, 여러분이 하루를 어떻게 시작하고 끝내는지 등을 알고 있다. 이것이 가르침의 기본이다. 이는 여러분이 부모를 돕기 위한 또 다른 가르침의 순간이기도 하다. 부모에게, 아이의 입장이 되어서 자신이 누구인지 알아내고 학교와 가정, 교과 외 활동의 책임을 균형 있게 한다는 것이 피곤할 수 있다는 점을 상기시켜라. 가정에서도 일상의 절차를 세우는 것은 활동에서 다른 활동으로 넘어갈 때 종종 놓치기 쉬운 균형 감각을 제공할 수 있다. 식사 예절, 집안일, 그리고 취침 시간을 정함으로써 부모는 생각이나 이유가 필요없이 당연히 해야 하는 구조를 제공하고 있다. 또한 무엇이 예상되는지 알기 때문에 아이들과의 잠재적인 투쟁도 줄일 수 있다. 그리고 다행히도 부모는 이런 일상을 이미 정해놨기 때문에 매일매일 해야 하는 결정 횟수도 적은 편이다.

부모에게, 그릿이 강한 아이들은 종종 그들의 기대에 부합하는 부모의 산물이라는 점을 상기시켜라.

부모에게, 그릿이 강한 아이들은 종종 그들의 기대에 부합하는 부모의 산물이라는 점을 상기시켜라. 부모는 아이들과 함께 시간을 보낼 때 그리고 삶의 광기를 가지고 있을 때 그것을 할 수 있고, 적절한 때를 맞춰야 한다. 저녁식사를 함께 하는 곳일 수도 있고, 학교에서 집으로 같이 타고 오는 차 안일 수도 있다. 협상할 수 없는 것은 그들이 하나의 가족으로서 연결되어 있는 것이다. 어떻게, 언제, 어디서는 중요한 것이 아니다. 교사로서 이를 아는 것은 오늘날의 바쁜 세상에서 이러한 관계를 유지하는 것에 대한 부모와의 대화를 촉진하는 데 도움이 될 수 있다.

아이들이 밖으로 나가도록 키워라

"난 하고 싶지 않아요."

"다른 엄마아빠들은 그냥 내버려 둬요."

"그건 어려워요."

"그건 재미없어요."

우리집 아이들은 수차례에 걸쳐 이런 말을 했다. 그리고 나는 부모가 되는 것에 대해서도 아이들에게 이와 똑같은 말을 할 수 있다. 부모로서 나는 모든 육아 활동에 헌신했고 그것을 고집하고 있다. (솔직히, 우리 아이들이 40대가 되어 엄마 말이 맞았다고 말해 주기를 기다리고 있다. 어떻게 될지 나중에 알려드리겠다⋯.) 그러나 핵심은 이렇다. 부모들은 자녀를 내버려 두지 않는다는 것. 그 이유를 아는가? 내 자녀들 중 스물다섯 나이에 직장에서 하루를 더 보내기가 싫어 그만둘 때만 생각하고 있는 아이가 있다. 그는 '자신 찾기'를 위해 집을 옮기는 것 외에는 다음 준비 계획이 없다. 무엇보다도 그의 방은 가장 아능한 도서관이 되었다.

　만약 여러분이 그릿이 강한 아이로 키우는 것이 어렵다고 생각한다면, 그건 맞는 생각이다. 그러나 다른 선택은 없을까? 여러분이 아침식사를 만들고 다 큰 딸의 빨래를 하는 것은 딸 아이가 투쟁에서 벗어날 방법을 모르기 때문이라 생각하는가? 아니다. 이것은 부모가 힘든 일을 해야 한다는 것을 의미한다. 부모들이 하기 힘들어하는 일 중 하나는 자녀가 자신과의 전투에서 스스로 싸우도록 내버려 두는 것이다. 부모는 이것을 가능한 한 일찍부터 시작해야 한다. 나는 자녀들이 특히 점점 더 자립할 수 있게 될 때 그들을 돌볼 시간을 아끼는 것을 좋아한다. 부모를 필요로 한다는 것은 좋은 일이지만 도와주는 한계는 분명히 해야 한다.

　부모는 자녀들에게 친구와의 갈등을 다루는 방법, 나쁜 성적에 대해 교사에게 접근하는 방법, 싫어하는 사람과 함께 일하는 방법을 가르쳐야 한다. 또한 다음과 같은 일을 해야 한다.

- 아이가 집에서 숙제한 것을 깜박 잊고 등교하면, 부모는 숙제한 것을 학교에 가져다주지 말아야 한다.
- 아이가 시험에서 좋은 성적을 받지 못한다면, 부모는 교사에게 아이의 성적을 향상시킬 수 있는 방법을 묻는 이메일을 보내지 말아야 한다.

- 아이가 농구팀에서 많은 시간을 선수로 뛰지 못한다고 해도, 부모는 코치에게 욕을 해서는 안 된다.
- 아이가 도서관에서 빌린 책을 분실하면, 부모는 그가 어떻게 잘 해낼지에 대한 계획 없이 벌금을 내서는 안 된다.

여러분은 요점을 파악했을 것이다. 부모는 자녀들이 어렵고 힘든 대화를 나누는 데 필요한 기능을 발달시켜서 성숙하고 책임 있는 성인으로 성장하도록 해야 한다. 자녀들이 그들 자신의 시간을 스스로 아끼길 바라야지, 부모가 해줘서는 안 되는 것이다.

만약 여러분이 그릿이 강한 아이로 키우는 것이
어렵다고 생각한다면, 그건 맞는 생각이다.
그러나 다른 선택은 없을까?

자, 교사로서 여러분은 이 모든 것을 알고 있다. 여러분은 헬리콥터 엄마(helicopter mom, 역주: 자녀 주위를 헬리콥터처럼 빙빙 돌며 입시와 취업 등 중요한 사안을 일일이 챙겨주는 엄마를 일컬

는 말)로부터 이메일을 받거나 메리가 엄마에게 전화해서 숙제를 갖다 달라고 할 때 눈을 굴린다. 그러나 나는 여러분에게 부모는 이러한 상황을 가장 잘 다루는 방법을 언제나 아는 것은 아니라는 점을 말해 주고 싶다. 첫째로, 그들의 자녀가 전화를 걸어 애원하고 있다. 둘째로, 부모는 자녀가 실패하는 것을 좋아하지 않는다. 그리고 셋째로, 부모는 다른 부모들도 자녀를 위해 이 정도 일을 하고 있다고 생각하며 '나쁜' 부모가 되기를 원하지 않는다. 그래서 부모에게 이러한 정보를 주어야 하는 것이다. 즉, 학생들의 연령에 따라 적절한 것이 무엇이고 적절하지 않은 것이 무엇인지 부모에게 말해 주어야 한다. 여러분은 전문가이다. 매년 동일 연령의 많은 아이를 다룬다. 부모를 곤경에서 벗어나게 하고 자녀의 어깨에 책임을 다시 지도록 도와주어라. 틀림없이 부모들은 여러분이 이렇게 하는 것을 좋아할 것이다. 그릿이 강한 아이로 양육하기 위한 다섯 가지의 원리가 있다. 다음을 반복해서 읽어 보라.

1. 자녀가 집에서 수행한 뭔가를 깜박 잊고 학교에 갔을 때 미치는 결과가 어떻게 되는지를 알도록 한다.
2. 자녀가 스스로 직접 다루려 하기 전까지는 자녀와 교사 사이의 문제에 개입하지 않는다.
3. 자녀가 어떤 활동(팀이나 클럽 활동과 같은)을 하기로 약

속한다면, 그만두고 싶어도 그 활동을 마칠 것이다.

4. 자녀를 위해 설정한 규칙과 기대사항을 적절하게 실행할 것이다.

5. 자녀가 다음 날 마감인 과제를 아직도 시작하지 못해서 울고 있더라도 그 심정을 지지해 주되 과제를 대신 해 주지는 않는다.

항상 예외가 있기 마련이므로 상식 수준에서 판단하면 된다. 그 외에도 추가할 수 있는 원리들이 많지만, 이 다섯 가지 원리가 여러분에게 아이디어를 제공해 줄 것으로 기대한다.

마지막 생각

아이들을 양육하는 것은 기쁨의 일부이면서 게릴라전의 일부이기도 하다.

- 에드 애스너(Ed Asner)

그래서, 여기서 내가 여러분에게 격려의 말을 하려 한다. 여러분은 부모를 교육할 수 있도록 학위를 얻지는 못했지만 정확히 그 일을 할 수 있고 해야만 한다는 것을 상기하기 바란다. 여러분이 피곤하다는 것을 알지만 이는 매우 중요한 것이다. 부모는 자녀를 위해 최상의 것을 원하는 것처럼, 여러분도 학생을 위해 최상의 것을 원한다. 학생을 위해 최상의 일을 하기 위해서는 학교와 가정 간의 견고한 파트너십을 형성해야 한다. 그릿은 다소 새로운 개념이긴 하지만 이해하기 어려운 것은 아니다. 여러분이 힘든 일(예: 학생들에게 책임 묻기, 학생들이 우수한 성취를 하도록 요구하기)을 시작하기 전에 부모와의 긍정적인의 관계를 형성하면 도움이 될 것이다. 여러분은 할 수 있다! 20명의 1학년 학생들에게 조용히 화장실을 다녀오게 하거나 키가 큰 3학년 학생을 똑바른 자세로 쳐다볼 수 있도록 해야 한다. 이 또한 여러분은 할 수 있다.

토론 질문

1. 여러분은 담당 학생들의 부모와 어떻게 긍정적 관계를 구축하고 있는가?

2. 각각의 자녀양육방식(독재적, 허용적, 권위적)으로 자란 학생들을 생각해 보라. 여러분은 이들 학생을 어떻게 각각 다르게 소통하고, 훈육하며, 가르치는가?

3. 여러분은 그릿을 키우기 위한 아이디어와 시사점을 부모와 어떻게 공유할 수 있는가? 또 부모를 어떻게 지원할 수 있는가?

제7장
그릿을 키우는 학교문화 조성하기

　나는 교육을 무척 사랑하기 때문에 전문성 개발을 위해 적극적으로 노력한다. 프레젠테이션을 주도하고 참석하는 것을 좋아한다. 또한 교육과정을 개발하고 혁신적인 교수전략을 탐색하기 위해 동료교사들과 함께 일하는 것을 즐긴다. 그렇지만 결코 전통적인 팀워크 구축 활동을 즐기지는 않는다. 건설적인 피드백을 주는 것에 대해 촌극을 만들고 싶지 않으며, 내 교실의 분위기를 좋게 보여 주기 위해 춤을 추고 싶지도 않다. 물론, 그것이 가치 있고 효율적인 것이라고 생각될 경우 그에 대해 이야기할 것이다. 하지만 그 외에 나머지는 다 언급할 것이다. 학생들과 마찬가지로 교사들도 다양한 **학습양식**(learning styles)을 가지고 있다. 그리고 우리는 학생들에게 실패를 두려워하지 말라고 요구하고 있지만, 교직원들에게도 위험을 감수하고 실패하고 회복하도록 장려할 필요가 있다. 전념, 회복탄력성과 열정은 모든 학교문화의 일부가 되어야 한다.

여러분은 운동하고 싶을 때 어디로 가는가? 영감을 얻고 싶을 때는? 편리하다는 이유로 체육관이나 교사협의회에 가지는 않을 것이다. 아마 비슷한 사람들과 함께 둘러싸고 싶어 하기 때문에 갈 것이다. 환경 문제는 학생들에게 중요한 것처럼 교육자인 여러분에게도 중요하다. 학생들의 그릿이 강하길 원한다면 열정과 끈기를 길러주는 학교문화를 조성해야 한다.

더군다나, 여러분이 자신의 목표에 미치지 못한다는 것을 알았을 때는 어디로 가야 할까? 자신에 대해 좀 더 기분 좋게 느끼고 싶다면, 아마도 여러분을 위로해 주고 여러분이 멋지다는 것을 상기시켜 줄 누군가에게 손을 내밀 것이다. 이 좌절감을 극복하고 계속 나아가고 싶다면, 여러분과 비슷한 목표를 가진 사람에게로 가라. 나는 건강에 대해 걱정이 되기 시작할 때, 내게 충분히 아름답다며 케이크를 갖다 주는 엄마가 아니라, 건강한 식생활을 하고 건강하게 생활할 수 있도록 이끌어 주는 친구들을 찾아가 조언을 구한다.

학교에서도 마찬가지이다. 실수를 저지르고 실패하는 것은 성공의 길을 걷는 디딤돌이기 때문에 우리가 해야 할 일이다. 메리 케이 리치(Mary Cay Ricci, 2015)는 학생들에게 '엄청난 실패'에 대해 이야기하도록 격려하고(나는 이 점을 좋아한다), 실패를 데이터로 보아야 한다고 했다. 우리가 해야 할 일은 가능한 게 무엇인지 파악할 수 있도록 작동하지 않는 것에 대한 정보를 모으는 일이다. 판단은 없고 데이터만 있을 뿐이다.

하베거(Habegger, 2008)에 따르면, "학교문화는 향상과 성장의 핵심이다"(p. 42). 학교문화는 학교 규범, 공유된 신념, 의미 있는 의식, 전통 및 이야기를 모아 편집한 것이다(Education World, 1996-2017). 여러분이 누군가의 집에서 시간을 보낸 뒤 아늑하거나 불편하다고 느끼는 것처럼, 복도를 걷거나 교직원들과 학생들을 방문함으로써 그 학교의 문화를 느낄 수 있다. 학교문화는 교사와 학생에 의해 지지되는 학교에 대한 비전을 수립함으로써 조성된다.

내 의붓아들이 대학 야구 코치에게 처음으로 소개되었을 때 상당한 기대와 주목을 받았다. 선수들은 팀에 대한 헌신을 긍정적으로 묘사한 옷만 입어야 했다. 그들은 더 이상 다양한 고등학교나 클럽 팀 출신이 아니었다. 그들은 한 팀이었다. 팀에 대한 이러한 믿음은 챔피언십 문화를 조성하는 한 부분이 되었다.

더크워스(Duckworth, 2016)는 웨스트포인트(West Point, 역주: 미국 육군사관학교) 교장인 로버트 캐슬렌(Robert Caslen) 중장을 인터뷰했다. 캐슬렌 장군은 웨스트포인트의 기본 훈련 버전인 험악한 야수의 병영에서 생도들을 재훈련시키는 이른 바 **발달적 모델**에 대해 설명했다. 발달적 모델에서 그는 '앞에서 이끌어 가기(leading from the front)'의 중요성을 설명했다. 앞에서 이끌어 간다는 것은 행위의 중간에 있다는 것을 가리키며, 이는 모든 생도들이 동일한 높은 기준에 도달할 수 있도록 책임을 갖고 있다는 것이다. 이 리더들은 모든 수준의 모든 생도들을 존경심을 갖고 다루며, 성공하기 위해 필요한 모든 지원을 그들에게 제공한다. 이러한 '앞에서 이끌어 가기'의 아이디어를 학교에 어떻게 전이시킬 수 있는지 좀 더 자세히 살펴보기로 하자.

지지와 요구의 리더십

그릿이 강한 학교문화의 핵심에는 지지와 요구의 리더십 팀이 있다. 행정가들은 교사들에게 높은 기대를 걸었고 그 반대도 마찬가지였다. 교사들은 학생들에게 높은 기대를 걸었고 그 반대도 마찬가지였다. 학교는 모든 연령대 사람들의 시너지이며 이들 모두 **수월성**을 추구한다.

그릿을 키우는 데 전념하고 있는 리더십 부서와 함께 교사들은 그릿을 키우는 데 **책무성**을 가져야 한다. 우선 책무성이란 두려운 것이 아니며 모든 교직원에게 소통되어야 하는 매우 중요한 것이다. 책무성은 교사와 학생들을 괴롭히기 위한 것이거나 어떤 식으로든 벌을 주기 위한 것이 아니다. 그것은 단지 그릿에 우선순위를 둘 따름이다. 그러면 우선순위를 두고 있다는 것을 어떻게 보여 주는가? 물론 우선순위에 시간을 많이 투자하는 것이다.

교사들은 교육과정을 개발하고 수업계획안을 작성하는 데 많은 시간을 할애하지만, 이 계획안을 평가하는 데에는 얼마나 많은 시간을 할애하는지 생각해 보라. 만약 그릿 개발이 수업에 주입된다는 기대가 있다면, 이것은 '**그릿 체크**(grit check)'라는 주제로 토론이 되어야 한다. 토론은 다음과 같이 진행될 수 있다. 매주 화요일에 팀장은 수학교사들과 미팅을 한다. 이 미팅에서 중요 정보에 대해 소통하고, 학생들의 관심사를 논의하며, 한 주간의 수업에 대해 그릿 체크를 한다. 그릿 체크에서 교사는 학생들에게 열정을 키우고 도전에 대한 끈기를 갖기 위한 기회를 얼마나 제공하고 있는가를 설명한다. 동료교사들은 건설적인 피드백과 격려로 반응한다. 미팅이 실행되지 못할 경우엔 온라인상으로 행해질 수 있다. 간단한 양식을 만들고 교사들을 두 명씩 짝을 짓고 행하면 5분 내로 그릿 체크를 할 수 있다. 그것은 쉽고 빠르며, 그릿이 강한 학교문화를 확립하려는 노력을 지속적으로 상기시킨다. [그림 9]는 그릿 체크 중에 답해야 하는 질문의 예이다.

- 여러분은 학생들의 열정을 어디에서 강조하고 있는가?
- 여러분의 수업에서 '강조점'은 무엇인가?
- 여러분은 학생들이 무엇 때문에 고난을 겪고 있다고 생각하는가?
- 여러분은 학생들이 포기하고 싶을 경우 어떤 조치를 취하는가?
- 이 수업에서 목표를 지원하도록 하기 위해 부모들에게 의사 전달할 필요가 있는 것이 무엇인가?
- 이 수업이 너무 쉬울 것이라고 생각되는 학생들이 있는가? 여러분은 그런 학생들을 어떻게 다룰 것인가?
- 학생들이 이 수업의 내용에 관심을 두지 않는다면 어떤 일이 발생할까?
- 여러분은 이 수업을 학생들이 관심을 갖고 있는 것과 어떻게 연결지을 수 있는가?

[그림 9] 그릿 체크 질문의 예

교직원들 앞에 서서 의견을 말하는 것만으로는 충분하지 않다.

"그릿을 높이도록 해야 한다."

앞에서 언급한 책무성의 '반대' 편을 기억하는가? 행정가들도 책무성을 가져야 한다. 교직원들 앞에 서서 의견을 말하는 것만으로는 충분하지 않다. "그릿을 높이도록 해야 한다." 감독자이자 교장으로서 혹은 지도자로서 교직원들의 열정과 끈기를 키우기 위해 무엇을 할 수 있는가를 생각해 보라. 반드시 교직원들 개개인의 열정을 인정하고 존중해 주어야 한다.

그러나 학교경영을 하는 행정가는 함께 일하는 교직원들이 학생들과 교육에 대해 열정을 가질 수 있도록 해야 한다. 지도자로서 그 열정을 회복시키고 학교의 모든 사람에게 열정을 불어넣는 것은 교장의 책임이다.

기회의 제공

교직원들에게 지도자가 되고 다른 사람들과 열정을 함께 나누기 위한 기회를 제공하라. 리더십 역할에 끌리는 교사뿐만 아니라 모든 교사를 고려해야 한다. 데이터에 푹 빠진 교사가 있다는 것을 알고 있다면 데이터 마이닝(data mining, 역주: 대량의 데이터 가운데 숨겨져 있는 패턴과 관계를 발견하여 미래에 실행 가능한 유용한 정보를 추출해 내고 의사결정에 이용하는 것)과 데이터 세분화(data disaggregation, 역주: 기존의 단일화된 통계에서 보이지 않았던 빈곤층, 여성, 아동과 노인, 난민, 장애인 등 특정 집단의 상황을 가시적으로 드러내는 것) 활동에 참여하도록 요구하라. 수업설계, 재활용, 학생들의 사회-정서적 요구, 부모와의 대면 등에서도 마찬가지이다. 그러나 교사에게 가장 중요한 물품은 시간이며, 교역이 중요하지 않다면 시간을 포기하지 않을 것이라는 점을 이해하라.

미팅

미팅에 대해 이야기해 보자. 긴급하게 필요한 것이 아니고 정보를 공유하기 위한 가장 효율적인 방법이 아니라면 굳이 미팅을 마련하지 말라. 전자메일을 통해 미팅이 가능할 경우엔 전자메일을 보내도 된다. 특정 교직원들에게만 관련된 문제일 경우 관련 당사자들끼리만 미팅을 가져라. 그리고 미팅의 일정을 적절하게 세워라. 이미 앞에서 언급한 바와 같이, 나는 담당하고 있는 학급의 분위기에 대해 포스터를 만들거나 시를 쓰는 등의 가짜 활동을 좋아하지 않는다. 방과후 수요일에 그렇게 해달라고 부탁한다면, 나는 그냥 거기서 벗어나기 위해 흉내만 낼 것이다. 만약 여러분이 그 활동이 예정된 주 동안 그렇게 해달라고 하면, 나는 단지 거기서 벗어나기 위해 (그리고 병원으로 달려가기 위해) 펜 끝으로 내 손가락을 잘라내려고 할 것이다.

**긴급하게 필요한 것이 아니고 정보를 공유하기 위한
가장 효율적인 방법이 아니라면 미팅을 마련하지 말라.**

또한 미팅의 의제와 목적이 무엇인지 참여자들에게 명확

하게 해야 한다. 이것은 정말 중요하다. 현장학습에 대한 빠른 업데이트라고 생각되는 미팅에 들어가는 것보다 더 나쁜 것은 없으며, 그것이 실제로는 하나의 그릿 체크이거나 한 부모와의 미팅이다. 무조건적인 존중, 적절한 기자재의 활용, 시작 및 종료 시간 등에 대한 기대를 개략적으로 설명하는 미팅 규범이 수립되어야 한다. 미팅의 문화는 학교의 문화를 반영해야 한다.

그릿의 나머지 반은 끈기이다. 끈기는 모든 사람이 열정을 가지고 승선하는 것보다 조금 더 어렵다. 즉, 열정은 재미있고 흥분을 자아내지만 끈기는 그렇지 못하다. 끈기를 가진다는 것은 힘들다. 무엇보다도 끈기를 갖고 지속하기 위해서는 도전을 해야 한다. 교직원들은 도전을 극복하는 데 필요한 아이와 교육에 대한 열정을 갖고 있다는 것을 이미 알고 있다. 그래서 이제 장애물로 넘어가기로 한다.

장애물

안타깝게도, 공급 물품이 매우 부족하고, 지나치게 시험에 강조를 두며, 지원이 매우 부족하다. 이에 대해 나는 다른 교사들로부터 듣고 공감하고 있다. 장애물이 없는 것은 아니지만, 교사들이 이러한 것들로 지쳐가고 인내하지 못하는 이유는 우리가 그것을 '극복'할 수 없기 때문이다. 교육 지도자로서 행정가는 교직원들이 통제할 수 있는 것을 강조하고 그것을 가장 중요한 장애물로 제시해야 한다. 물론 직무의 일부로 해야 할 일이 있지만, 교육적 위험을 감수하고 새로운 방식으로 교육내용을 가르치며 학생들과의 진정한 관계를 구축하는 데 우선순위를 두어야 한다.

> **모든 아이는, 심지어 다루기 힘든 아이조차도 학교에서**
> **그를 옹호할 수 있는 사람을 가질 자격이 있다.**

우리는 또한 학생들이 다양한 장애물에 직면하고 있다는 것을 알고 있다. 학생들에 따라 그 장애물이 분명한 경우도 있고 그렇지 못한 경우도 있다. 어느 쪽이든 간에 학생들을 다룰 때는 마치 어떤 위기를 다루는 것처럼 대하고, 여러분이 서로를 대하는 것과 같은 친절과 무조건적인 존중으로 대하라. 모든 아이는, 심지어 다루기 힘든 아이조차도 학교에서 그를 옹호할 수 있는 사람을 가질 자격이 있다.

소통과 훈육

문화의 종류와 그릿의 의미에 관한 소통은 그릿이 강한 학교문화를 형성하고 유지하는 데 중요하다. 모든 사람이 기억할 수 있는 표현이나 구호를 만들어라. 예를 들어, 스포츠를 선택하고 엘리트 팀이 워밍업 하는 것을 지켜보라. 게임을 시작하기 전에 모여드는 것을 보면, 한 선수가 소리 내어 외치고 다른 선수들은 제창으로 응답한다. 그 응답에 해당 팀의 핵심 가치가 반영되어 있을 가능성이 크다. 아마도 그들은 '잘해 보자' '이기자' 또는 '막아보자'라고 큰 소리로 외칠 것이다. 군대와 교회도 마찬가지이다. 응답은 다르지만, 그 의식은 문화에 중요하다.

모든 단계의 모든 사람이 여러분의 학교가 누구도 제지하지 않고 누구도 포기하지 않는 곳이라는 것을 이해하도록 하라. 1학년 학생이 커서 예술가가 되고 싶다고 말하면, 왜 그렇게 하라고 하지 않는가? 희망으로 가득 찬 마음을 가지고 무언가에 전념하고 연습하며 그것을 행하는 순수한 기쁨을 경험하는 데 의미가 있는가? 그렇다. 그것이 내가 달리는 이유이다. 나는 올림픽에는 절대 출전할 일이 없겠지만 여전히 기회 있을 때마다 운동화 끈을 묶고 달린다. 긴장을 이완하고 건강을 유지하기 위해 달리는 것은 시간과 노력을 투자할 충분한 가치가 있다. 마찬가지로 재능계발의 목표가 우수한 수행자를 만드는 것이지만, 그 과정에서 얻는 것에 집중하는 것도 중요하다.

> **모든 단계의 모든 사람이 여러분의 학교가 누구도 제지하지 않고 누구도 포기하지 않는 곳이라는 것을 이해하도록 하라.**

메리 캐이 리치(2015)는 그녀의 저서(역주: 《교실에서 마인드셋을 위한 사용 가능한 자원: 성장 마인드셋의 학습 공동체를 구축하기 위해 교육자들이 필요로 하는 모든 것》)에서 '성장 마인드셋의 학교문화'를 조성하기 위한 많은 자료를 개발하였다. 그중 하나가 학생들의 심리사회적 기능 – 지속력, 그릿, 회복탄력성 및 실패로부터 배우는 능력 – 의 발달에 관한 자료이다. [그림 10]은 이와 같은 학생들의 비인지적 요인들을 개발하기 위한 학교 – 혹은 지역 교육청 – 의 계획을 기록하는 차트의 예시이다. 이것은 여러분과 동료교사들이 함께 개발할 수 있는 것이다.

비인지적 요인의 개발

학교/교육청/프로그램: 일시:

심리사회적 기능	우리 학교/교육청이 이 기능을 개발하기 위해 이미 취한 사항	비인지적 요인을 개발하기 위한 아이디어	이 영역에서 향상 과정을 점검하고 측정하기 위한 아이디어
지속력			
그릿			
회복탄력성			
실패로부터 배움			

[그림 10] 비인지적 요인의 개발

출처: M. C. Ricci(2015). *Ready-to-use resources for mindsets in the classroom: Everything educators need for building growth mindset learning communities*. Waco, TX: Prufrock Press. p. 5.

리치(2015)와 캐롤 드웩(Carol S. Dweck, 2014)은 둘 다 '**아직의 힘**(power of yet)'을 강조하였다. '아직'에 중점을 둠으로써 우리는 성공만이 아닌 향상을 축하할 여지를 두고 있다(역주: 드웩에 따르면 지금 당장 맞는 답을 냈을 때만 보상받는 것이 아니라 과정에 대해 상을 줌으로써 학생들은 더 많이 노력하고 더 많이 전략을 세우며 능동적으로 오랜 시간 참여하고 어려운 문제를 만났을 때도 더 많은 끈기를 보여 준다고 함). 성공이 아닌 향상에 중점을 두는 것은 그릿의 문화를 조성하는 데 중요하다. 학교는 우리 모두가 이전보다 더 우리 자신을 발전시키고 열심히 하도록 하는 곳이어야 하며, 동시에 시간이 지남에 따라 성장과 변화를 축하하는 곳이 되어야 한다.

이와 더불어 긍정적이고 회복적(restorative)인 규율은 교직원과 학생을 학교문화와 목표에 다시 중점을 두도록 하는 데 사용될 수 있다. **회복적 규율**은 학생들에게 자기통제력을 발휘하고 참여하고 포용하는 것에 책임을 지도록 하는 훈련이다. 처벌적이기보다는 오히려 학생들은 반성을 하고, 공감을 연습하며, 개선을 위한 목표를 설정함으로써 훈육의 과정에 포함된다. 그릿과 관련된 언어(열정, 흥미, 장애와 좌절의 극복, 끈기 등)가 학생들의 규율 언어에서 사용되어야 한다. 이러한 언어는 수업개선을 위한 교사들의 대화에서도 사용되어야 한다.

일상적 의식과 절차

일상적 의식과 절차는 강한 학교문화를 형성하는 또 다른 중요한 요소이다. 많은 학교는 이미 적절한 일상적 절차를 갖고 있다(예를 들어, 학생들이 학교에 가기 전에 가야 하는 곳, 학생들이 복도에서 행동하는 법 등). 일상적 절차는 연령과 상관없이 성장과 발달에 필수적인 두 가지 특성인 '편안함'과 '안정성'을 제공한다. 일상적 절차는 또한 규율 문제를 해결하기 위해 사용될 수 있다. 여러분의 교실이나 학교가 틈이 있는지 둘러보고 그 틈을 메우기 위해 습관을 정해 보라.

운 좋게도 나는 세 명의 뛰어난 교장선생님 밑에서 일했고 그들로부터 많은 것을 배웠다. 내 교직 생활의 대부분을 그중 한 교장선생님과 함께 일했는데, 그가 좋아하는 의견 중 하나가 "인정받는 것은 반복된다."는 것이었다. 그는 이에 대한 확고한 신념을 갖고 있었다. 교직원 회의 중에 그가 던진 메시지는 학생들과의 관계를 형성해야 하고, 학생들 각자의 개별적 위대함에 주의를 기울여야 한다는 것이었다. 그는 학생들의 긍정적 선택에 대해 인정해 주어야 한다며 교사들을 격려하였다. 교사들이 자발적으로 무용이나 클럽을 후원할 때마다 그는 우리에게 인증서나 공표로서 반드시 인정을 해 주었다. 사람들은 자신이 좋은 일을 하고 있다는 말을 듣는 것을 좋아하며, 대부분은 단순하게도 다시 칭찬 받기 위해 그 행동을 계속한다. 인정받는 것은 반복된다.

노력과 열정

열정은 내면에서 나온다는 말을 들어봤을 것이다. 그 열정은 우리를 밤잠 설치게 한다. 그러나 여러분이 '내면'에 열정과 관련된 어떤 것도 갖고 있지 않고 밤에 잘 잔다면? 운 좋게도, 그렇다고 열정이 없는 삶을 살 운명이라는 뜻은 아니다. 그것은 여러분이 새로운 사고와 활동에 노출될 필요가 있다는 것을 의미한다. 우리는 전부는 아니지만 어느 정도 이것을 **중핵교육과정**(core curriculum, 역주: 학교의 교육과정에서 가장 중요하다고 생각되는 활동을 중심에 놓고 그 이외의 것을 주변에 조직하는 교육과정의 형태로, 여러 교과를 특정한 과제를 중심으로 관련시킴으로써 개인의 인격적 통합과 사회의 통합을 도모함)에서 다룰 수 있다.

여러분이 그릿 문화를 만들고 싶다면 학생들에게 선택 과목과 구조화된 자유시간을 제공해야 한다. 가급적 많이 선택 과목을 제공하라. 선택 과목은 중핵수업만큼이나 엄격해야 한다. 수업을 무시하지 말자. "이 수업은 쉽다."와 "나는 이 수업에 관심이 많아서 열심히 공부해도 상관없다." 간의 차이를 이해하라.

> 여러분이 그릿 문화를 만들고 싶다면 학생들에게
> 선택 과목과 구조화된 자유시간을 제공해야 한다.

여러분의 마음을 좀 상하게 할 수 있겠지만, "학교장면은 열정을 지원하기보다는 오히려 손상시키는 것으로 나타났다" (Fredricks, Alfeld, & Eccles, 2010, p. 26). 이 진술은 교사를 울고 싶게 만들지 않는가? 이 진술은 한 연구의 결과이지만 지금도 여전히 그러하다. 연구자들은 영재학생들과 비영재학생들을 비교한 결과, 영재학생들은 배우는 자료의 수준이 낮다고 느꼈기 때문에 수업에 지루해했고 전혀 열정을 가지지 못했다. 그러나 영재학생들은 비슷한 능력을 가진 학생들과 함께 배울 때는 수업을 지루해하거나 열정을 가지지 못하는 일이 거의 없었으며, 이는 관련 선행연구(Hertzog, 2003)를 지지해 주었다. 사실 유사한 능력을 가진 학생들로 집단을 편성하는 것은 영재학습자에게 도전적인 자극을 주고 지원해 주는 가장 쉽고도 효과적인 방법이다(Rogers, 2006).

프레데릭스 등(Fredericks, Alfeld, & Eccles, 2010)은 학교 교직원들이 열정을 키우고 그릿 문화를 조성할 수 있는 방법에 대해 여섯 가지 제안을 하였다. 이것을 이 책에서 자세히 다루고 있기 때문에 여러분은 행운아이다. 그 제안들은 내가 교실에서 그릿을 구축하고 키우기 위해 노력해 온 사례를 뒷받침하고 있다. 여섯 가지 제안을 제시하면 다음과 같다.

1. **열정을 가져라.** 여러분의 담당 교과와 학생, 학교를 사랑하라. 그리고 실제로 사랑하고 있다는 것을 보여 주어라.

2. **관심을 기울여라.** 학생들이 5명이든 15명이든 그들은 교사가 자신에게 관심을 갖고 있다는 것을 알고 싶어 한다. 여러분은 학생들의 학교 밖 생활에도 관심을 가져야 한다. 또한 교사로서 교실이 서로서로를 배려하고 지원하며 존중하면서 문제를 해결해 나가는 학습자 공동체라는 점을 분명히 해야 한다. 교실은 다른 사람을 무시하거나 괴롭히는 곳이 아니다.

3. **내용 전달체계를 학생들의 요구에 맞추어라.** 필기가 없는 강의를 요구하는 학생들이 있는가 하면, 개방형의 목표와 컴퓨터 및 조용한 공간을 요구하는 학생들도 있다. 여러분은 학생들이 매우 다양하기 때문에 담당 교과의 내용을 가르치기 위해 다양한 방법을 사용해야 한다.

4. **학생들이 내용에 몰두하게 하라.** 벤저민 블룸(Benjamin S. Bloom, 1956)의 교육목표분류학(taxonomy, 역주: 인지적

목표의 경우 '지식-이해력-적용력-분석력-종합력-평가력', 정의적 목표의 경우 '수용-반응-가치화-조직화-인격화')의 밑에서 시작하여 점차 위로 올라가라. 이것은 귀찮고 어려운 일이지만, 그릿을 키우기 위한 아주 좋은 기회이다.

5. **정기적으로 구체적인 피드백을 제공하라.** 이 책을 통해서 나는 학업장면과 운동장면 그리고 군대장면을 계속 비교해 왔다. 피드백은 이들 장면에서의 또 다른 차이가 나는 점이다. 학교에서, 특히 중핵교육과정의 교실에서 피드백은 종종 과제가 완성된 후에 제공된다. 나는 팀이 축구경기를 하는 것을 보는 것과 학생들에게 에세이를 쓰도록 가르치는 것에 차이가 있다는 것을 안다. 하지만 여러분이 학생들에게 끈기를 가지고 지속할 기회를 가지도록 그들을 밀어붙이고 도전적인 과제를 주고 있다 하더라도 여러분은 그 과정에서 학생들을 지원하고 격려해야 한다. 그렇지 않으면 둘 다 모두 잃을 수도 있다.

6. **학생들에게 도전감을 주어라.** 우리는 '도전'이란 어떤 것인지 알고 있다. 그러나 학생들에게 도전감을 갖게 한다는 것은 어려운 일이다. 한 교실에 다양한 능력을 가진 학생들이 있을 때 특히 그러하다. 그것은 또한 여러분이 학생들보다 훨씬 앞서 있어야 하기 때문에 여러

분의 삶을 더 어렵게 만든다. 그렇지만 여러분은 교사
이고 무엇이든 할 수 있다.

이상의 여섯 가지 제안을 살펴본 다음, 이번에는 행정가의
관점에서 다시 읽어 보라. '학생' 대신에 '교직원'으로 대체하면
여러분은 그릿의 문화를 구축하기 위한 구체적인 지침을 가질
수 있다. 나는 여러분이 왜 내가 이 지침에 이르는 데 오랜 시
간이 걸렸는지 궁금해할 것이라는 점을 알고 있지만, 내가 그
것들을 모두 여러분을 위해 펼치기 전에 여러분이 이 책을 구
입하도록 해야만 했다. 게다가 재미를 갖게 하기 위한 것이
었다.

마지막 생각

> 문화는 열정을 가지고 하고 있는 일을 다른 사람과 공유하
> 는 방식이다.
>
> - 브라이언 체스키(Brain Chesky)

여러분은 세 가지 방식으로 그릿 문화 형성을 생각해 볼
수 있다. 첫째, 맨 아래에서 시작하여 학생들과 함께 그릿을 구

축하고 그것이 순위를 상승시키기를 바란다. 둘째, 맨 위에서 시작하여 행정가들이 교직원이 보이는 그릿의 행동을 축하하며, 그것이 학생들에게 흘러가기를 바란다. 셋째, 그릿이 강한 학생과 교사를 육성하는 데 중점을 둠으로써 그 과정을 떠받칠 수 있다. 여러분은 무슨 일이 일어날지 알 것이다. 그릿의 태도와 행동은 로켓처럼 높이 솟아올라 이에 준비가 되어 있지 않은 중간의 사람들을 쫓아내듯이 격추시킬 것이다. 그리고 그건 괜찮다. 왜냐하면 여러분이 해야 할 일이 있고 성공하기 위해서는 모든 사람을 탑승시켜야 하기 때문이다.

토론 질문

1. 여러분은 재직하고 있는 학교의 문화가 현재 어떻다고 보는가?
2. 학생과 교직원의 열정과 끈기를 증진하기 위한 실제적인 방법은 무엇인가?
3. 여러분은 학교문화의 변화를 어떻게 측정할 것인가?

결론

열심히 일하는 것이 성공의 핵심 요소라는 점은 동서고금을 막론하고 인정되는 사실이다. 따라서 시간이 흐르면서 학교는 열정을 키우는 일과 엄격함을 높이는 일에 중점을 두는 것 사이에서 중심을 잡아 왔다. 그릿은 학생들에게 **높은 기준**을 유지하면서 **학습의 즐거움**을 갖게 해야 하는 교사의 요구를 모두 충족시키기 때문에, 꽤 오랫동안 교사의 주의를 끌었다. 그러나 나는 모든 사람이 나와 함께 그릿 열차에 타고 있다고 믿으며 유니콘 농장에서 살고 싶다(이 얼마나 멋진 일인가?). 그래서 여기에서는 그릿의 개념과 관련된 잠재적 문제들에 대해 이야기해 보고자 한다. 그릿의 구성(construct)에 대해 몇 가지 비판하고 있는 서로 다른 세 개의 논문을 인용해 보면 다음과 같다.

만일 우리가 아이의 그릿이나 회복탄력성 혹은 자기통제
력을 개선하고 싶다면, 그 시작점은 아이 자신이 되는 것
이 아니다. 우리가 먼저 변화시켜야 할 것은 그의 환경이
다. (Tough, 2016, p. 12)

폴 터프(Paul Tough, 2016)는 그의 논문에서 두 가지 주요
관점을 소개하였다. 첫째, **학업적 내용**(수학과 같은)을 가르치는
것과 똑같은 방식으로 **심리사회적 기능**(그릿과 같은)을 가르치는
문제를 크게 지적하였다. 그는 여러분이 학생들과 함께 앉아
그릿의 용어를 정의한 다음 얼른 그릿을 가지도록 그들에게
기대할 수 없다는 점에서 절대적으로 옳았다. 그는 '존경' '성
실' 등과 같은 단어를 전혀 사용하지 않고서도 놀랄 만한 인격
적 자질의 발달을 도왔던 그의 연구에서 만난 교사들에 대해
기술하였다. 이러한 인격적 특성의 발달을 도왔던 것은 치밀
하게 계획된 질 높은 학습경험이었다.

이러한 첫 번째 사항은 터프의 두 번째 사항으로 이끌었는
데, 그것은 환경이 그릿과 같은 소프트 기능(soft skills, 역주: 전
문지식, 기술지식, 직무능력 등과 같은 기술적이고 전문적 분야에 국
한되며 형태가 있으며 측정과 평가가 상대적으로 용이한 하드 기능과
는 달리 소통, 협상력, 팀워크, 리더십, 인간관계, 협업 등과 같은 행태
적이고 특정한 분야를 뛰어넘고 손에 잡을 수 없으며 객관적인 측정이

거의 불가능한 기능)의 발달에 중요한 영향을 미친다는 것이다.

나는 '문화'라는 표현을 쓰고 있지만 터프는 그의 논문에서 '환경'이란 표현을 사용하고 있다. 문화와 환경은 거의 같은 뜻으로 보일 수도 있다. 그러나 나는 문화가 물리적 공간 이상의 의미를 갖고 있기 때문에 그릿을 키우는 데 도움이 되는 모델을 보다 정확하게 반영한다고 본다. 문화에는 행정, 관리인, 부모, 교사, 학생이 포함된다. 더욱이, 문화를 개념화할 때 우리는 그것을 안팎으로부터 구성하려고 생각한다. 문화는 모든 이해관계자들이 참여하는 적극적인 과정이며, 외부로부터 행해지는 것이 아니다. 그리고 그런 경우에 우리는 아이 자신과 함께 시작한다.

> 그릿 연구는 말다툼 오류의 희생자가 되었을 수 있으며, 현재 측정된 그릿은 단순히 성실성을 재포장한 것이거나 아니면 성실성의 측면 중 하나에 지나지 않는다. (Crede, Tynan, & Harms, 2016, p. 11)

성실성은 빅 파이브(Big Five, 역주: 외향성, 신경증, 친화성, 성실성, 개방성) 성격특성의 하나로서, 종종 학업과 직업관련 성공을 가장 잘 예측하는 요인으로 인용된다(Judge, Higgins, Thoresen, & Barrick, 1999). 높은 성실성을 가진 사람은 책임감이 있고, 조직적이며, 자기통제를 잘한다(Costa, McCrae, & Dye, 1991). 이런 점에서 보면 성실성은 그릿처럼 들리지 않는가? 그렇다. 하지만 여러분이 인식하겠지만 성실성은 그릿이 의미하는 모든 것을 담고 있지는 않다. 거센 도전에 굴하지 않고 지속하게끔 하는 정서적 강렬함인 열정은 어떠한가? 비록 마커스 크레데(Marcus Crede)와 그의 연구팀(2016)이 그릿은 성실성의 요소와 관련될 수 있다고 지적했지만, 그릿의 독특한 성질을 간과하지 않는 것이 중요하다. 그릿은 단순히 '재포장'이 아니며 또한 성취의 만병통치약도 아니다. 그릿은 하나의 구인으로, 이전의 심리학적 연구를 바탕으로 만들어진 것이며, 우리의 학교에서 일익을 담당하고 있다.

> 그릿의 생리적·심리적 피해는 특히 불우한 배경을 가진 성인들에게 두드러지는데, 이들은 소수민족이거나 일상적인 삶을 영위해 가는 데 필요한 재정적·사회적 자본이 부족한 사람들이다. (Kashdan, 2017, sec. 2, para. 2)

토드 카쉬단(Todd B. Kashdan, 2017)의 논문은 흥미진진한데, 특히 그릿과 **존 헨리이즘**(John Henryism, 역주: 자신이 속한 사회에서 기회의 평등을 보장받지 못한 사람이 개인의 노력으로 불리한 조건을 극복하고 성공하면 오히려 건강이 나빠진다는 현상. 이는 가난한 소작인 집안에서 태어나 초등학교 졸업밖에 못하고 평생 자신을 둘러싼 시스템의 굴레에서 벗어나기 위해 사력을 다해 많은 농지를 소유하게 되지만 40대부터 고혈압, 관절염, 위궤양에 시달리며 고통을 받게 되고 증기 해머 경진대회에서 우승한 후 심장마비로 사망한 흑인 헨리의 이야기에서 유래됨) 간의 비교이다. 카쉬단의 지적은 중요하다. 만약 우리가 수업의 휴머니티를 망각하고 단지 혹독하고 극단적인 노력만을 강조한다면 심각한 문제에 빠지게 될 것이다. 우리의 학생들, 특히 불리한 위치에 있는 학생들은 우리가 그들의 심리적 필요와 요구를 지원하는 데 소홀히 한다면 피해자가 된다. 수월성을 추구할 때 자신감의 상실, 스트레스, 소진, 다른 복잡한 여러 감정을 느끼는 것은 당연하다. 그래서 여러분이 그릿 문화를 형성하는 데 열심이라면 이와 동등하게 학생들, 특히 불리한 위치에 있는 학생들을 사회적-정서적으로 지원해 주는 데 전념해야 한다. 모두 참여한다는 게 바로 그 의미이다.

그릿은 여러분이 교실에서 경험할 수 있는 문제에 대한 해결책이 아니라 높은 수준에서 성취하는 데 필요한 노력과 능력을 만들기 위한 하나의 방법이다. 그릿에 대한 이해는, 고됨과 열정이 교육과정에 포함되는 것이 매우 중요함을 이해하는 데 도움이 된다. 끈질긴 노력의 함의(implications)에 대해 지금 여러분이 알고 있는 것을 인지하게 되면, 학생들이 문제를 헤쳐 나갈 수 있는 규칙적인 기회를 어떻게 제공할 수 있는지를 생각할 수 있다.

여러분은 그릿이 강한 학교문화, 즉 학교의 모든 구성원이 수월성을 위해 노력할 때 서로서로 지원하기 위한 역량을 구축하는 것이 중요하다는 것을 알고 있다. 또한 그릿이 어떻게 **마인드셋**과 **학습지향성**에 대한 기존의 이해와 관련되는지 알고 있다. 그리고 마치 교육과정의 표준인 것처럼 호기심을 기르기 위한 실제적인 아이디어를 갖고 있다. 무엇보다도 나는 여러분이 활력을 불어넣고 다음 단계로 나아가며, 여러분의 확장된 목표를 설정·추구하며, 매일 모든 학생에게 절대적인 최고가 되기를 바란다. 여러분은 이 점도 잘 알고 있을 것이다.

자료

<창의성과 열정>

Bean. (n. d.). Internet surveys. Retrieved from http://usugsharefair. weebly. com/uploads/2/6/0/9/26092725/bean_environment. pdf
여기서 15개의 서로 다른 흥미검사를 검색해 보라.

Briggs, S. (2013). *25 ways to institute passion-based learning in the classroom* [Web log post]. Retrived from http://www. opencolleges. edu. au/informed/features/25-ways-to-institute-passion-based-learning-in-the-classroom
이 실용적인 목록을 살펴보라. 그것은 학교에서 열정을 키우는 것이 그리 어렵지 않다는 것을 매우 잘 상기시켜 주고 있다.

GenerationOn. (2011). Youth interest inventory. Retrived from http://www.generationon.org/files/flat-page/files/youth_interest_inventory_1.pdf

이 링크는 세 가지 흥미검사, 즉 초등학교용과 중학교용 및 고등학교용의 흥미검사를 제공하고 있다. 질문은 학생들의 응답에 제한이 없는 개방적인 형태로 되어 있다. 나는 학생들이 흥미검사를 수행하고 몇 주간 기다린 뒤에 응답에 보탤 수 있는 것이 있는지 알아보기 위해 재방문해 볼 것을 권한다.

Maiers, A., & Sandvold, A. (2011). *The passion-driven classroom: A framework for teaching and learning*. London, England: Routledge.

앤절라 마이어스(Angela Maiers)와 에이미 샌드볼드(Amy Sandvold)는 열정에 대한 관심이 대단하다. 이는 여러분이 좋아할 실용적인 이 책에서 잘 나타나 있다.

McNair, A. (2017). *Genius hour: Passion projects that ignite innovation and student inquiry*. Waco, TX: Prufrock Press.

여러분이 바로 지니어스 아워(Genius Hour)로 뛰어들고 싶다면 이 자료를 적극 추천한다.

Piirto, J. (Ed.). (2014). *Organic creativity in the classroom: Teaching to intuition in academics and the arts*. Wato, TX: Prufrock Press.

제인 피르토(Jane Piirto)는 창의성 분야의 전설적 인물이다. 이 편저는 교실에서의 창의성 대해 다양한 관점에서 훑어주고 있다. 나는 이 책에서 내가 무척 좋아하는 언어교과에서의 창의성에 관한 1개의 장을 맡아 썼다.

Renzulli, J. S., & Reis, S. M. (n.d.). SEM third edition resources and forms. Retrieved from http://gifted.uconn.edu/schoolwide-enrichment-model/sem3rd

여러분이 학교전체 심화학습모델(Schoolwide Enrichment Model)에 관해 원하는 모든 자료가 이 웹사이트에서 제공되고 있다. 무료이며 고품격이다. [역주: 국내에 번역·출간되어 있다. 김홍원 옮김(2013). **학교전체 심화학습 모형: 교육의 수월성 추구를 위한 이론과 실제**. 서울: 문음사.]

〈디자인적 사고〉

Spencer, J., & Juliani, A. J. (2016). *Launch: Using design thinking to boost creativity and bring out the maker in every student*. San Diego, CA: Burgess Consulting.

디자인적 사고는 새로운 개념으로, 이 책의 저자들은 교사가 학생들과 함께 디자인적 사고를 하기 위한 절차를 자세히 보여 주고 있다.

Wise, S. (2016). *Design thinking in education: Empathy, challenge, discovery, and sharing* [Web log post]. Retrived from https://www.edutopia.org/blog/design-thinking-empathy-challenge-discovery-sharing-susie-wise

이 책은 디자인적 사고의 매력과 가능성에 대한 우수한 개론서이다. 이 책을 통해 디자인적 사고를 시작하라!

〈차별화〉

Byrd, I. (n.d.). The differentiator. *Byrdseed*. Retrieved from http://byrdseed.com/differentiator

첫째로 나는 '차별화 도구(The Differentiator)'란 명칭을 좋아한다. 둘째로 이것은 여러분이 학생들을 위해 차별화하기 위한 방법의 좋은 아이디어를 얻는 놀라운 수단이 된다. 이 도구를 갖고 노는 것에 푹 빠지게 될 것이다.

Cash, R. M. (2017). *Advancing differentiation: Thinking and learning for the 21st century* (Rev. ed.). Minneapolis, MN:

Free Spirit.

이 책은 여러분이 가르치는 내용을 차별화(수준별로 학습하도록)하기 위한 현대적이고 실제적이며 정확한(연구에 기반한) 아이디어를 제공하고 있다. 보석과 같은 책이다.

iNACOL Staff. (2016). *What is blended learning?* [Web log post]. Retrieved from http://www.inacol.org/news/what-is-blended-learning

개인 맞춤형 학습(Personalized learning)은 들리는 것만큼 어렵지 않다. 이 책은 개인 맞춤형 학습이란 무엇이며 여러분이 요구되는 다른 일과 더불어 개인 맞춤형 학습을 어떻게 할 수 있는지를 설명해 주는 훌륭한 개론서이다.

Miller, A. (2012). *Blended learning: Strategies for engagement* [Web log post]. Retrieved from https://www.edutopia.org/blog/blended-learning-engagement-strategies-andrew-miller

앤드류 밀러(Andrew Miller)의 블로그 게시물은 여러분에게 학생들이 참여할 수 있도록 테크놀로지를 진정으로 지렛대로 활용하는 실제적인 방법을 제공하고 있다. 대단히 좋은 블로그 게시물이다!

Sanguras, L. Y. (2016). Blended learning: A new frontier of differentiated curriculum. In T. Kettler (Ed.), *Modern curriculum for gifted and advanced academic students* (pp. 237-250). Waco, TX: Prufrock Press.

나는 혼합형 학습(blended learning)과 개인 맞춤형 학습 (personalized learning)의 전폭 지지자이다. 나는 이 책에서 혼합형 학습과 개인 맞춤형 학습에 대해 썼다.

〈그릿〉

Duckworth, A. (2016). *Grit: The power of passion and perseverance.* New York, NY: Scribner.

앤절라 더크워스(Angela Duckworth)의 책은 그릿에 대해 내가 알고 있는 것의 토대가 되었다. 이 책은 읽기 쉽고 빠져들게 만든다. 교사의 영혼에 불을 지를지도 모른다. [역주: 국내에 번역·출간되어 있다. 김미정 옮김(2016). **그릿: IQ, 재능, 환경을 뛰어넘는 열정적 끈기의 힘**. 서울: 비즈니스북스.]

Tough, P. (2013). *How children succeed: Grit, curiosity, and the hidden power of character.* New York, NY: Mariner Books.

폴 터프(Paul Tough)의 책 또한 그릿에 관한 좋은 책이다. 그는 그릿과 사회-정서적 학습을 구분하지 않고 동등한 개념으로 기술하고 있다. [국내에 번역·출간되어 있다. 권기대 옮김(2013). **아이는 어떻게 성공하는가: 뚝심, 호기심, 자제력, 그리고 숨겨진 성격의 힘**. 서울: 베가북스.]

<성장 마인드셋>

Dweck, C. S. (2007). *Mindset: The new psychology of success*. New York, N Y: Ballantine Books.

캐롤 드웩(Carol S. Dweck)은 마인드셋을 공부할 때 알아야 할 사람이다. 마인드셋에 관한 그녀의 연구는 꽤 인정받고 있다. 이 책은 여러분이 마인드셋에 관한 개념을 더 깊이 연구하고자 할 때 반드시 보아야 할 책이다. [역주: 국내에 번역·출간되어 있다. 김준수 옮김(2017). **마인드셋: 스탠퍼드 인간 성장 프로젝트**. 서울: 스몰빅라이프.]

Ricci, M. C. (2015). *Ready-to-use resources for mindsets in the classroom: Everything educators need for school success*. Waco, TX: Prufrock Press.

이 책은 정말 훌륭하다. 메리 캐이 리치(Mary Cay Ricci)는 드웩의 연구를 토대로 우리가 교실에서의 마인드셋에 관해 알고 있는 것을 실행할 수 있는 실제적인 방법을 집중 조명해 주고 있다.

〈재능계발〉

Duke TIP - https://tip.duke.edu

듀크 재능판별 프로그램(The Duke Talent Identification Program: TIP, 역주: 뛰어난 학생들의 잠재력과 재능을 발견하고 또 키워주기 위해 듀크대학교에서 진행하는 영재 썸머 프로그램)은 재능을 찾기 위한 것으로 유명하다. 그것의 웹사이트 또한 영재 학생들을 지도하기 위한 자료를 제공하고 있다.

Johns Hopkins Center for Talented Youth - http://cty.jhu.edu

재능 청소년 센터(The Center for Talented Youth: CTY, 역주: 영재 학생들을 발굴하고 또 그들의 재능을 계발하기 위해 존스 홉킨스대학교에서 진행하는 영재교육 프로그램)는 또 다른 재능을 찾기 위한 단체이다. 썸머 프로그램과 온라인 프로그램이 있으며, 영재학생들의 부모와 교사를 위한 웹사이트를 운명하고 있다.

Northwestern Center for Talent Development - https://www.ctd.northwestern.edu

재능계발센터(The Center for Talented Development: CTD, 역주: 4~5세에서 12학년까지 영재아들을 위해 노스웨스턴대학교에서 진행하는 특별 프로그램)는 영재학생들에게 프로그램을 제공하고 있다. 나는 이 센터에서 발행하는 뉴스레터를 좋아하는데,

교사들에게 도움이 되는 방식으로 연구와 실제를 연결해 주기 때문이다.

Subotnik, R. F., Olszewski-Kubilius, P., & Worrell, F. C. (2011). Rethinking giftedness and gifted education: A proposed direction forward based on psychological science. *Psychological Science in the Public Interest, 12*, 3-54. doi:10.1177.1529100611418029.

이것은 몇 년 전에 나를 날려버린 방식으로 영재성을 분명히 표현한 논문인데, 평판이 그리 좋지 않다. 이것이 이 목록의 최종 자료이지만, 사실 그릿에 대한 나의 생각이 시작된 곳이었다.

부록: 그릿척도

역주: 앤절라 더크워스(Angela Duckworth)는 동료들과 함께 개발하여 타당화한 8개 문항과 12개 문항의 그릿척도를 자신의 웹사이트(https://sngeladuckworth.com/research)에 링크하여 제공하고 있다. 이것을 우리말로 번역하여 '부록'으로 제시한다.

〈12개 문항의 그릿척도〉

지시사항: 여러분에게 해당하거나 해당하지 않는 여러 개의 진술문이 있습니다. 가장 정확한 점수를 얻기 위해 응답을 할 때 여러분이 잘 알고 있는 사람들과 비교하지 말고 세상의 대부분의 사람들과 비교하여 응답하십시오. 여기에 맞거나 틀린 응답은 없으므로 솔직하게 응답하십시오.

질문내용	매우 그렇다	대체로 그렇다	조금 그렇다	대체로 아니다	전혀 아니다
1. 나는 힘든 도전에 성공하기 위해 어려움을 극복한 적이 있다.					
2. 나는 새로운 생각이나 일 때문에 원래 하고 있는 생각이나 일이 방해를 받은 적이 있다.					
3. 나의 흥미와 관심은 매년 달라진다.					
4. 어려움은 나를 꺾지 못한다.					
5. 나는 어떤 생각이나 일에 잠깐 집중하다가 곧 흥미를 잃어버린다.					
6. 나는 열심히 하는 사람이다.					
7. 나는 종종 어떤 목표를 세우지만 나중에 그것과는 다른 일을 하곤 한다.					
8. 나는 완성하는 데 몇 달 넘게 걸리는 일에 계속해서 집중하기 어렵다.					
9. 나는 시작한 것은 뭐든지 끝장을 본다.					
10. 나는 시간이 아주 오래 걸리는 목표를 달성한 적이 있다.					
11. 나는 몇 달에 한 번씩 새로운 것을 추구하는 데 관심이 있다.					
12. 나는 끊임없이 노력한다.					

채점: 1. 문항 1, 4, 6, 9, 10, 12에 대한 응답은 다음과 같이 점수를 매긴다.
  5 = 매우 그렇다 / 4 = 대체로 그렇다 / 3 = 조금 그렇다
  2 = 대체로 아니다 / 1 = 전혀 아니다
2. 문항 2, 3, 5, 7, 8, 11에 대한 응답은 다음과 같이 점수를 매긴다.
  1 = 매우 그렇다 / 2 = 대체로 그렇다 / 3 = 조금 그렇다
  4 = 대체로 아니다 / 5 = 전혀 아니다

모든 점수를 더하여 12로 나눈다. 최고 점수는 5점(그릿이 매우 강함)이고, 최하 점수는 1점(그릿이 매우 약함)이다.

출처: Duckworth, A. L., Peterson, C., Matthews, M. D., & Kelly, D. R. (2007). Grit: Perseverance and passion for long-term goals. *Journal of Personality and Social Psychology, 9*, 1087–1101.

<8개 문항의 그릿척도: 아동용>

일러두기: 다음 8개 문항에 대해 응답하시오. 솔직하게 응답하기 바랍니다. 여기에는 맞거나 틀린 답이 없습니다.

질문내용	매우 그렇다	대체로 그렇다	조금 그렇다	대체로 아니다	전혀 아니다
1. 나는 새로운 아이디어와 프로젝트로 인해 이전의 아이디어와 프로젝트가 방해를 받은 적이 있다.					
2. 역경(미룸과 장애물)은 나를 낙담시키지 못한다. 나는 대부분의 사람들보다 빨리 실망과 좌절에서 벗어난다.					
3. 나는 어떤 아이디어나 프로젝트에 잠깐 사로잡혔다가 그 후에 흥미를 잃어버린다.					
4. 나는 열심히 하는 사람이다.					
5. 나는 종종 어떤 목표를 세우지만 나중에 그와 다른 목표를 추구하기로(따르기로) 선택한다.					
6. 나는 완성하는 데 몇 달 넘게 걸리는 프로젝트에 집중력을 유지하기 어렵다.					
7. 나는 무엇이든 시작하면 끝을 맺는다.					
8. 나는 근면 성실하다(부지런하고 세심하다).					

채점: 1. 문항 2, 4, 7, 8에 대한 응답은 다음과 같이 점수를 매긴다.
    5 = 매우 그렇다 / 4 = 대체로 그렇다 / 3 = 조금 그렇다
    2 = 대체로 아니다 / 1 = 전혀 아니다
  2. 문항 1, 3, 5, 6에 대한 응답은 다음과 같이 점수를 매긴다.
    1 = 매우 그렇다 / 2 = 대체로 그렇다 / 3 = 조금 그렇다
    4 = 대체로 아니다 / 5 = 전혀 아니다

모든 점수를 더하여 8로 나눈다. 최고 점수는 5점(그릿이 매우 강함)이고 최하 점수는 1점(그릿이 매우 약함)이다.

출처: Duckworth, A, L., & Quinn, P. D. (2009). Development and validation of the Short Grit Scale (Grit-S). *Journal of Personality Assessment, 91*, 166–174.
Duckworth, A. L., Peterson, C., Matthews, M. D., & Kelly, D. R. (2007). Grit: Perseverance and passion for long-term goals. *Journal of Personality and Social Psychology, 9*, 1087–1101.

참고문헌

Alexander, R. (1988). A town celebrates the lowly lima bean. *The New York Times*. Retrieved from http://www.nytimes.com/1988/10/19/garden/a-town-celebrates-the-lowly-lima-bean.html

Barker, E. (2016). *This is how to resist distraction: 4 secrets to remarkable focus* [Web log post]. Retrieved from http://www.bakadesuyo.com/2016/10/how-to-resist-distraction

Baum, J. R., & Locke, E. A. (2004). The relationship of entrepreneurial traits, skill, and motivation to subsequent venture growth. *Journal of Applied Psychology, 89*, 587-598. doi:10.1037/0021-9010.89.4.587

Baumrind, D. (1966). Effects of authoritative parental control on child behavior. *Child Development, 37*, 887-907.

Bird, B. J. (1989). *Entrepreneurial behavior*. Glenview, IL: Scott, Foresman.

Bloom, B. S. (Ed.). (1956). *Taxonomy of educational objectives: The classification of educational goals. Handbook I: Cognitive domain.* New York, NY: Longmans Green.

Bloom, B. S. (1985). *Developing talent in young people.* New York, NY: Ballantine Books.

Boyd, B. (2016). Leonard Cohen: The key songs and what they mean. *The Irish Times.* Retrieved from http://www. irishtimes. com/culture/music/leonard-cohen-the-key-songs-and-what-they-mean-1.2864114

California Department of Education. (2015). *NGSS for California Public Schools, K-12.* Retrieved from http://www.cde.ca. gov/ pd/ca/sc/ngssstandards.asp

Caprara, G. V., Vecchione, M., Alessandri, G., Gerbino, M., & Barbaranelli, C. (2011). The contribution of personality traits and self-efficacy beliefs to academic achievement: A longitudinal study. *British Journal of Educational Psychology, 81,* 78-96.

Carroll, J. B. (1997). Psychometrics, intelligence, and public perception. *Intelligence, 24,* 25-52. http://dx.doi.org/10.1016/ S0160-2896(97)90012-X

Clark, W. H. (1935). Two tests for perseverance. *Journal of Educational Psychology, 26,* 604-610. http://dx.doi.org/10.10 37/h0053523

Coleman, L. J., & Guo, A. (2013). Exploring children's passion for learning in six domains. *Journal for the Education of the Gifted, 36,* 155-175. doi:10.1177

/0162353213480432

Collins, B. (1996). *Introduction to poetry*. Retrieved from https://www.poetryfoundation.org/poems-and-poets/poems/detail/46712

Costa, P. T., Jr., McCrae, R. R., & Dye, D. A. (1991). Facet scales for agreeableness and conscientiousness: A revision of the NEO Personality Inventory. *Personality and Individual Differences, 12,* 887-898.

Credé, M., Tynan, M. C., & Harms, P. D. (2016). Much ado about grit: A meta-analytic synthesis of the grit literature. *Journal of Personality and Social Psychology.* doi: 10.1037/pspp0000102

Daniels, H. (Ed.). (2005). *An introduction to Vygotsky.* New York, NY: Psychology Press.

Dewar, G. (2011-2015). Teaching self-control: Evidence-based tips. *Parenting Science.* Retrieved from http://www.parentingscience.com/teaching-self-control.html

Duckworth, A. (2016). *Grit: The power of passion and perseverance.* New York, NY: Scribner.

Duckworth, A. L. (2013). *Angela Lee Duckworth: Grit: The power of passion and perseverance* [Video file]. Retrieved from https://www.ted.com/talks/angela_lee_duckworth_grit_the_power_of_passion_and_perseverance

Duckworth, A. L., & Gross, J. J. (2014). Self-control and grit: Related but separable determinants of success. *Current Directions in Psychological Science, 23,* 319-325.

Duckworth, A. L., Peterson, C., Matthews, M. D., & Kelly, D. R.

(2007). Grit: Perseverance and passion for long-term goals. *American Psychological Association, 92,* 1087-1101. doi:10.1037/0022-3514.92.6.1087

Duckworth, A. L., & Seligman, M. E. P. (2005). Self-discipline outdoes IQ in predicting academic performance of adolescents. *Psychological Science, 16,* 939-944.

Dweck, C. S. (2006). *Mindset: The new psychology of success.* New York, NY: Random House.

Dweck, C. S. (2014). *The power of yet: Carol S. Dweck: TEDxNorrköping* [Video file]. Retrieved from https://www.youtube.com/watch?v=J-swZaKN2Ic

Education World. (1996-2017). Is your school's culture toxic or positive? *Education World.* Retrieved from http://www.educationworld.com/a_admin/admin/admin275.shtml

Fredricks, A. F., Alfeld, C., & Eccles, J. (2010). Developing and fostering passion in academic and nonacademic domains. *Gifted Child Quarterly, 54,* 18-30. doi:10.1177/0016986209352683

Freud, S. (1920). *Introductory lectures on psychoanalysis.* New York, NY: Norton.

frog. (2012). The paradox of passion. *designmind.* Retrieved from http://designmind.frogdesign.com/2012/08/paradox-passion

Galton, F. (1869/2006). *Hereditary genius: An inquiry into its laws and consequences.* London, England: Macmillan.

Gardner, H. E. (2000). *Intelligence reframed: Multiple intelligences* for the 21st century. New York, NY: Basic Books.

Gottfredson, L. S. (1998). The general intelligence factor. *Scientific American Presents, 9*(4), 24-29.

Grantham, T. C., & Ford, D. Y. (2003). Beyond self-concept and self-esteem: Racial identity and gifted African American students. *The High School Journal, 87,* 18-29.

Habegger, S. (2008). The principal's role in successful schools: Creating a positive school culture. *Principal, 88(1),* 42-46.

Hertzog, N. B. (2003). Impact of gifted programs from the students' perspectives. *Gifted Child Quarterly, 47,* 131-143.

Hofmann, W., Luhmann, M., Fisher, R. R., Vohs, K. D., & Baumeister, R. F. (2013). Yes, but are they happy? Effects of trait self-control on affective well-being and life satisfaction. *Journal of Personality, 82,* 265-277. doi:10.1111/jopy.12050

Hyslop, G. (2016). The most basic thing millennials can do to impress their bosses. *Fortune.* Retrieved from http://fortune.com/2016/09/15/millennials-perseverance-boeing

IDEO. (2017). *Design thinking.* Retrieved from https://www.ideou.com/pages/design-thinking

James, W. (1890). *The principles of psychology* (Vol. 1). New York, NY: Holt and Company.

Jensen, A. R. (1980). Chronometric analysis of intelligence. *Journal of Social and Biological Structures, 3,* 103-122. http://dx.doi.org/10.1016/0140-1750(80)90003-2

Judge, T. A., Higgins, C. A., Thoresen, C. J., & Barrick, M. R. (1999). The big five personality traits, general mental ability, and career success across the life span. *Personnel Psychology,* *52*, 621-652.

Kantrowitz, A. (2013). Five highlights from Commander Chris Hadfield's Reddit AMA from space. *Forbes.* Retrieved from http://www.forbes.com/sites/alexkantrowitz /2013/02/18/five-highlights-from-commander-chris-hadfields-reddit-ama-from-space/#2eeba24320f6

Kashdan, T. B. (2017). *How I learned about the perils of grit: Rethinking simple explanations for complicated problems* [Web log post]. Retrieved from https://www.psychologytoday. com/ blog/curious/201704/how-i-learned-about-the-perils-grit

Kerr, B. A., & Multon, K. D. (2015). The development of gender identity, gender roles, and gender relations in gifted students. *Journal of Counseling & Development, 93,* 183-191.

Kesler, E. (n.d.). *Genius hour.* Retrieved from http://www. geniushour.com

Kettler, T. (Ed.). (2016). *Modern curriculum for gifted and advanced academic students.* Waco, TX: Prufrock Press.

Kohn, A. (1999). *Punished by rewards: The trouble with gold stars, incentive plans, A's, praise, and other bribes* (2nd ed.). New York, NY: Mariner Books.

Krakovsky, M. (2007). The effort effect. *Stanford Magazine, 36*(2), 46-52.

Lebowitz, S. (2016a). A UPenn psychologist says there's one trait more important to success or IQ or talent. *Business Insider.* Retrieved from http://www.businessinsider.com/angeladuckworth-grit-more-important-than-iq-or-talent-2016-5

Lebowitz, S. (2016b). A top psychologist says there's only one way to become the best in your field—but not everyone agrees. *Business Insider*. Retrieved from http://www.businessinsider.com/anders-ericsson-how-to-become-an-expert-at-anything-2016-6

Lebowitz, S. (2016c). If you're having fun practicing, you're doing it wrong—no matter what you're trying to learn. *Business Insider*. Retrieved from http://nordic.businessinsider.com/anders-ericsson-becoming-an-expert-is-not-enjoyable-2016-6

Lowin, R. (2016). This goat with anxiety only calms down when she's in a duck costume. *Today*. Retrieved from http://www.today.com/pets/goat-anxiety-only-calms-down-when-duck-costume-t105482

Lowry, L. (2011). *Number the stars*. Boston, MA: HMH Books for Young Readers.

Luna, E., & The Great Discontent. (2017). #The100DayProject. *The Great Discontent*. Retrieved from https://thegreatdiscontent.com/100days

Maier, S. F., & Seligman, M. E. (1976). Learned helplessness: Theory and evidence. *Journal of Experimental Psychology: General, 105*, 3-46.

McCabe, M. (2016). MSU football recruit recalls journey from war-torn Iraq. *Detroit Free Press*. Retrieved from http://usatodayhss.com/2016/dearborns-mustafa-khaleefah-a-quick-study-in-football

McNair, A. (2017). *Genius hour: Passion projects that ignite innovation and student inquiry.* Waco, TX: Prufrock Press.

Mehta, J. (2015). *Breadth and depth: Can we have it both ways?* [Web log post]. Retrieved from http://blogs.edweek.org/edweek/learning_deeply/2015/07/breadth_and_depth_can_we_have_it_both_ways.html.

Minutaglio, R. (2016, September 15). Georgia college student and 4-time cancer survivor pursues passion to teach: 'This disease doesn't define me.' *People.* Retrieved from http://people.com/celebrity/kennedy-cobble-overcame-cancer-4-times-to-pursue-teaching-passion

National Association for Gifted Children. (n.d.). *Identification.* Retrieved from https://www.nagc.org/resources-publications/gifted-education-practices/identification

National Association for Gifted Children. (2010). *Redefining giftedness for a new century: Shifting the paradigm* [Position Statement]. Retrieved from http://www.nagc.org/sites/default/files/Position%20Statement/Redefining%20Giftedness%20for%20a%20New%20Century.pdf

Newport, C. (2012). Why 'follow your passion' is bad advice. *CNN.* Retrieved from http://edition.cnn.com/2012/08/29/opinion/passion-career-cal-newport

Ohio Department of Education. (2017). *Ohio's learning standards for mathematics.* Retrieved from https://education.ohio.gov/getattachment/Topics/Learning-in-Ohio/Mathematics/Ohio-s-Learning-Standards-in-Mathematics/MATH-Standards- 2017.

pdf.aspx

Olszewski Kubilius, P., Subotnik, R. F., & Worrell, F. C. (2015). Conceptualizations about giftedness and the development of talent: Implications for counselors. *Journal of Counseling and Development, 93*, 143-152.

Petty, T., & Lynn, J. (1989). I won't back down [Recorded by Tom Petty and the Heartbreakers]. On *Full Moon Fever* [CD]. MCA Records.

Pink, D. H. (2011). *Drive: The surprising truth about what motivates us*. New York, NY: Riverhead Books.

Ramirez, A. (2013). Passion-based learning [Web log post]. Retrieved from https://www.edutopia.org/blog/passion-based-learning-ainissa-ramirez

Renzulli, J. S. (1984, April). *The three ring conception of giftedness: A developmental model for creative productivity*. Paper presented at the annual meeting of the American Educational Research Association, New Orleans.

Renzulli, J. S., & Reis, S. M. (2014). *The schoolwide enrichment model: A how-to guide for talent development* (3rd ed.). Waco, TX: Prufrock Press.

Ricci, M. C. (2013). *Mindsets in the classroom: Building a culture of success and student achievement in school*. Waco, TX: Prufrock Press.

Ricci, M. C. (2015). *Ready-to-use resources for mindsets in the classroom: Everything educators need for school success*. Waco, TX: Prufrock Press.

Roid, G. H. (2003). *Stanford-Binet Intelligence Scales* (5th ed.). Itasca, IL: Riverside.

Rogers, K. B. (2006). *A menu of options for grouping gifted students.* Waco, TX: Prufrock Press.

Smith, A. K., Mick, E., & Faraone, S. V. (2009). Advances in genetic studies of Attention-Deficit/Hyperactivity Disorder. *Current Psychiatry Reports, 11,* 143-148.

Spearman, C. (1904). "General intelligence," objectively determined and measured. *The American Journal of Psychology, 15,* 201-292.

Subotnik, R. F., Olszewski-Kubilius, P., & Worrell, F. C. (2011). Rethinking giftedness and gifted education: A proposed direction forward based on psychological science. *Psychological Science in the Public Interest, 12,* 3-54. doi:10.1177.15291006 11418029.

Tangney, J. P., Baumeister, R. F., & Boone, A. L. (2004). High self-control predicts good adjustment, less pathology, better grades, and interpersonal success. *Journal of Personality, 72,* 271-324.

Texas Education Agency. (2011). *Texas Essential Knowledge and Skills for Social Studies, Subchapter A. Elementary.* Retrieved from http://ritter.tea.state.tx.us/rules/tac/chapter113/ch113a.pdf

Tomlinson, C. A. (2014). *The differentiated classroom: Responding to the needs of all learners* (2nd ed.). Alexandria, VA: Association for Supervision and Curriculum

Development.

Tough, P. (2016, May 25). Why grit can't be taught like math. *EdSurge*. Retrieved from https://www.edsurge.com/news/2016-05-25-why-grit-can-t-be-taught-like-math

Tucker, A. (2012). Jack Andraka, the teen prodigy of pancreatic cancer. *Smithsonian*. Retrieved from http://www.smithsonianmag.com/science-nature/jack-andraka-the-teen-prodigy-of-pancreatic-cancer-135925809

Vallerand, R. J., Blanchard, C., Mageau, G. A., Koestner, R., Ratelle, C., Leonard, M., . . . Marsolais, J. (2003). Les passions de l'âme: On obsessive and harmonious passion. *Journal of Personality and Social Psychology, 85*, 756-767. http://dx.doi.org/10.1037/0022-3514.85.4.756

Wiesel, E. (2006). *Night*. New York, NY: Hill and Wang.

Zimmerman, B. J., & Kitsantas, A. (2014). Comparing students' self-discipline and self-regulation measures and their prediction of academic achievement. *Contemporary Educational Psychology, 39*, 145-155.

저자 소개

라일라 Y. 산구라스(Laila Y. Sanguras)는 미국 노스텍사스대학교(University of North Texas)에서 교육심리학을 전공하고 박사학위를 취득하였다. 그녀는 전(前) 중학교 교사로 학부모 지도와 상담, 쓰기 지도, 현장견학 기획, 중학생 감정조절, 언어교과교육에 있어서 전문가이다. 그녀의 그릿에 대한 관심은, 학교에서 도전적인 활동에 주저하지만 학교 밖의 영역에서는 고난에도 불구하고 탁월함을 보이는 학생들을 관찰하는 데서 비롯되었다. 또한 그녀는 학생들에게 다가갈 수 있는 방법과 학생들의 잠재력을 성공적으로 발현할 수 있는 방법을 모색하기 위한 계획을 세우는 데 많은 고민을 하다가 교사에게 문제가 있다기보다는 학생들에게 문제가 있다는 것을 문득 깨닫고 학생들의 그릿, 즉 끈기와 열정을 키우는 데 열중하게 되었다. 그녀는 인간의 경험을 이미지와 글을 통해 이야기를 만들어 전달하는 스토리텔링에도 열정을 갖고 있다. 저서로는 이 책을 비롯하여 ≪교실에서의 그릿을 키우기 위해 쉽게 사용할 수 있는 서식(Educator's Quick Reference to Grit in the Classroom)≫, 그리고 부모를 위한 ≪그릿을 가진 아이로 키우기 (Raising Children with Grit)≫가 있다.

역자 소개

정종진(Jeong, Jong-Jin)은 대구교육대학교 교육학과 교수로 재직하고 있다. 뉴질랜드 캔터베리대학교 연구교수, 호주 퀸즐랜드대학교 객원교수, 한국초등상담교육학회 회장, 한국교육심리학회 부회장 등을 역임하였다. 심리상담전문가, 학습상담전문가, 수련감독교류분석상담사, 수련감독학교상담전문가, 인성교육강사(1급) 외에 많은 교육 및 상담 관련 자격을 갖고 있으며, 현재 한국초등상담교육학회를 비롯한 여러 학술단체의 임원을 맡고 있다. ≪BGT 심리진단법≫, ≪뇌기반 학습의 원리와 실제≫, ≪성공하는 교사들의 9가지 습관≫, ≪GRIT, 그릿을 키워라≫를 비롯한 다수의 저 · 역서가 있다.

교육장면에서
그릿 키우기

Grit in the Classroom:
Building Perseverance for Excellence in Today's Students

2019년 11월   5일 1판 1쇄 인쇄
2019년 11월 10일 1판 1쇄 발행

지은이 • 라일라 Y. 산구라스
옮긴이 • 정종진
펴낸이 • 김진환
펴낸곳 • (주)**학지사**
　　　　　04031 서울특별시 마포구 양화로 15길 20 마인드월드빌딩
대표전화 • 02)330-5114　　　팩스 • 02)324-2345
등록번호 • 제313-2006-000265호

홈페이지 • http://www.hakjisa.co.kr
페이스북 • https://www.facebook.com/hakjisabook

ISBN 978-89-997-1963-9 03370

정가 14,000원

이 도서의 국립중앙도서관 출판시도서목록(CIP)은 서지정보유통지
원시스템 홈페이지(http://seoji.nl.go.kr)와 국가자료공동목록시스템
(http://www.nl.go.kr/kolisnet)에서 이용하실 수 있습니다.
(CIP 제어번호: CIP2019040806)

출판 · 교육 · 미디어기업 학지사

간호보건의학출판 **학지사메디컬** www.hakjisamd.co.kr
심리검사연구소 **인싸이트** www.inpsyt.co.kr
학술논문서비스 **뉴논문** www.newnonmun.com
원격교육연수원 **카운피아** www.counpia.com